光文社古典新訳文庫

人はなぜ戦争をするのか　エロスとタナトス

フロイト

中山元訳

kobunsha classics

光文社

WARUM KRIEG ?
1932
ZEITGEMÄSSES ÜBER KRIEG UND TOD
1915
TRAUER UND MELANCHOLIE
1917
NEUE FOLGE DER VORLESUNGEN
ZUR EINFÜHRUNG IN DIE PSYCHOANALYSE
1933

Author : Sigmund Freud

凡例

(1)本書の底本は、Sigmund Freud, *Gesammelte Werke, chronologisch geordnet*, Imago Publishing Co., Ltd., 1940, 1946, 1950 である。

(2)本文の小見出しは基本的に訳者によるものであり、原文にある見出しと区別するために、◆をつけて示した。なお訳文は読みやすいように適宜改行している。

(3)［　］で囲んだ部分は、訳者による補足である。

(4)解説などで引用した文章は、原文のテクストを参照して、訳者が手を加えていることが多い。

(5)本書の年譜や解説の作成にあたっては、ピーター・ゲイ『フロイト』（鈴木晶訳、みすず書房）とラプランシュ／ポンタリス『精神分析用語辞典』（村上仁監訳、みすず書房）を参考にしている。精神分析用語の訳語は基本的に『精神分析用語辞典』に準拠している。

(6)フロイトの原注は、＊1のように示して、ブロックごとに掲載した。訳注は（1）のように示して、それぞれの論文の最後にまとめて掲載した。

目次

人はなぜ戦争をするのか

エロスとタナトス

人はなぜ戦争をするのか（ウィーン、一九三二年九月）

アインシュタイン様

◆対話の可能性

あなたが関心をもたれたテーマについて、もしもわたしに興味があれば、意見を交換しようという今回の往復書簡の試みは、とてもおもしろいもので、喜んで参加させていただきたいと思います。しかしそのテーマをうかがって、とても驚きました。あなたが、知の最前線の問題をとりあげるだろうとわたしが考えたのは、ごく自然のことでしょう。こうしたテーマで、物理学者であるあなたと、心理学者であるわたしがそれぞれの立場からアプローチしてゆき、共通の土台に立って議論するのだろうと考えたのです。ところがあなたの選ばれたテーマは何と、どうしたら人間を戦争のもたらす苦難から守れるかというものだったのでした。

驚きの後でわたしがまず心配したのは、戦争という問題は、政治家にふさわしい実務的な問題であり、わたしたちのような学者の出る幕など、ないのではないかというものでした。しかしあなたは自然研究者として、あるいは物理学者として、戦争というテーマを掲げられたわけではないことにすぐに気づきました。国際連盟の呼び掛けに応《こた》えながら、平和を愛する一人の人間として、戦争というテーマを考えようというわけですね。わたしはふと、北極を探検したフリジョフ・ナンセンのことを思いだしました。ナンセンもまた、探検家としての資格によってではなく、飢餓に苦しむ人々、そして戦争の犠牲になって住むところを失った人々を援助することを自分の務めとする者として行動していたのでした。

それにわたしに求められているのは、戦争をなくすための実務的な提案を示すことではありませんでした。一人の心理学者として、戦争をなくせる可能性があるかどうかを考察してほしいということなのです。

ところでこの問題についても、あなたはお手紙ですでに多くのことを語っておられます。わたしが帆をあげて船出をしようとしたら、あなたの船にすでに風を奪われてしまったようなものです。それでもあなたの船の航跡をたどりながら船出してみましょう。そしてせめてあなたが語られたことを、わたしの知るかぎり、推測できるかぎりのところで、少し詳しく補足してみたいと思います。

◆暴力の役割

あなたはまず、権利《レヒト》と権力《マハト》の関係から語り始められました。それはわたしたちの問題を考察するためにはまさに格好の出発点でした。

ところでわたしは「権力《マハト》」という語ではなく、もっとむきだしの強い言葉、「暴力《ゲヴァルト》」という言葉を使いたいと思います。現代のわたしたちは、暴力と権利は対立する概念だと考えています。しかし実際にはこの二つはたがいにそれぞれが結びついて発達してきたのです。これはすぐに証明できることです。そこで原初の時代に戻って、どのような状況から暴力が発生してきたかを調べてみれば、戦争という問題の解決策も、すぐにみいだすことができるのではないでしょうか。ですからわたしがこれから、だれもが知っていて当然と考えていることを、まるで初めてのことのように語ったとしても、ご容赦いただきたいと思います。そうしなければならない事情があるものですから。

人間のあいだで利害が対立したときに、決着をつけるのは原則として暴力なのです。動物たちはみんなそうしているのですし、人間も動物の一種なのです。ただし人間の世界では利害の対立だけではなく、意見の対立も発生します。いまではこの意見の対立は、きわめて抽象的な次元にまで及んでいるので、暴力に頼らずに解決する技術が求められるようになりました。

しかしそれは文明が発展してきて、初めて可能になったことです。人間たちが小さな群れで暮らしていた原初の時代には、あらゆる問題を解決したのは腕力でした。腕力の強い者が、さまざまな物の所有者になり、自分の意見を押し通したのでした。そして道具が登場すると、道具は腕力をさらに強めることも、腕力の代わりに使われることもあったのです。優れた武器をもっている人、武器を巧みに使うことのできる人が、勝者になったのでした。

ですから武器の登場とともに、むきだしの腕力よりも、才覚が重視されるようになりました。それでも闘いの最終的な目的は同じでした。相手を傷つけるか、相手の力を麻痺《まひ》させて、要求をひっ込めさせ、抵抗させなくしたのです。

そのためにもっとも効果的なのは、暴力で相手を完全に排除してしまうこと、すなわち殺してしまうことでした。敵を殺すのが好ましいのは、二つの理由からでした。敵はもはや二度とわたしに立ち向かうことができなくなりますし、敵が殺されるのをみていたほかの人々へのみせしめになり、わたしに刃向かわなくなります。それだけではなく、敵を殺すとわたしたちは、心の深いところにある欲動を満足させることができるのです[1]。ただこれについてはいずれ詳しく述べたいと思います。

ところが人間はやがて、敵を殺してしまうのではなく、おびえさせておいてから生命を助けて利用すればよいのではないかと考え始めたのでした。すると暴力を行使する目的が、相手を殺すことではなく、服従させることになったわけです。こうしていわば敵に情けをかけるようになったのです。しかしそうなると、征服された敵がわたしに服従したとしても、いつか復讐したいと考えるのは避けられないことです。ですから敵を服従させた場合には、自分の安全性をかなり危険にさらすことになります。

◆暴力から権利への道

これが原始状態です。力の強い者が、むきだしの力を使うか、才覚に支えられた暴力を使うことで、他者を支配するのです。もちろんこのような原始状態は、次第に変化するようになり、暴力から権利への道が始まるのです。しかしこれはどのような道なのでしょうか。この道はただ一つだと思います。一人の人の力が強くても、弱い人がたくさん集まれば、これに対抗できるのです。「団結は力なり《リュニオン・フェ・ラ・フォルス》」なのです。多数の人が団結すれば、一人の暴力に対抗できます。ですから団結した人々の力が、一人の暴力に抗して、権利を確立したのです。こうして権利《レヒト》は、共同体の権力《マハト》として生まれたわけです。

しかし注意が必要なのは、この権力もやはり暴力だということです。共同体の権利に逆らおうとする人には、暴力を行使しようとするのです。この権利はむきだしの暴力と同じ手段を使うのですし、同じ目的を目指しているのです。むきだしの暴力と違いがあるとすれば、これがただ一人が自分の目的のために行使する暴力ではなく、共同体が全体として行使する暴力だということだけです。

ところでむきだしの暴力から、新しい権利へと進むためには、ある心理学的な条件が満たされる必要があります。この多数者の団結は、持続的で長期的なものでなければならないということです。一人の支配者を打倒するために多数者が団結しても、その目的が実現した後で団結が解消されてしまうのでは、何も生まれません。打倒された支配者の次に強い者が、あるいはみずからそう考える者が、ふたたび暴力で人々を支配しようとするでしょう。そしてこのゲームには終わりがないのです。

ですから共同体は永続的な形で維持されねばなりません。共同体として組織され、掟（法律）を定め、懸念される叛乱を未然に防止し、掟が守られるように監視する機構を設立する必要があります。そしてこの機構は、共同体の暴力が法に則って行使されるように配慮するのです。団結した人々には、このような利害の共同性を承認することによって、いわば共同体感情ともいうべき感情的な結びつきが生まれるのです。この感情によってこそ、共同体は固有の力をもつことができるのです。

◆法の支配を不安定にする源泉

これで重要なことはすべて語ったような気がします。暴力が多数の統一された集団のうちに委ねられることで、一人の個人の暴力が克服され、この集団はその成員の感情的な結合によって維持されるのです。以下で述べることはこれを詳しく説明し、繰り返すものにすぎません。

さて、この共同体が力の均等な人々で形成されているあいだは、事態は分かりやすいものです。すべての人々が安全な共同生活が過ごせるようにするためには、個人がみずからの自由を、みずからの力を暴力として行使する自由を、どの程度まで制限し、放棄しなければならないかは、共同体の法が決めるのです。しかしこれで平和な状態が訪れると考えるのは、机上の空論です。実際には共同体には最初から、男性と女性、大人と子供のように、力の不均等な成員が含まれているのです。そこで問題が複雑になります。それに戦争と征服の後には、勝者と敗者に分かれ、そこから主人と奴隷が生まれるのです。

すると共同体の権利は、その成員の力関係の不均等を反映したものになります。そして共同体を支配する人々は、自分たちに有利なように法を定めることになります。支配される側にはわずかな権利しか認められなくなるのです。そして共同体のうちでの法律による支配は、二つの源泉のために不安定なものとなります。しかもこの不安定さが、新たな法律を生みだす源泉ともなるのです。

第一の源泉となるのは支配者側のもので、共同体のすべての成員がしたがうべきだとされた法の支配をやめて、暴力が支配する状態に戻そうとする試みです。第二の源泉となるのは抑圧された人々の側のものです。抑圧された人々は、法を修正して自分たちの力を強め、それを支配者に認めさせようと絶えず試みるのです。それは支配者に有利で不平等な法を修正して、すべての人に平等な法律を作りだそうとするものです。

この第二の流れは、共同体の内部の力関係が変動する時期にとくに顕著なものとなり、歴史的にもさまざまな要因の結果として起こりうるものです。こうして法は次第に新しい力関係にふさわしい平等なものに作り替えられるか、支配階級がこの変革を認めようとしないために、叛乱が起こり、内戦になり、法が一時的に停止され、新しい暴力の試みが行われ、その後にやっと新しい法的な秩序が形成されることになります（こちらのほうが多いのですが）。

ところで、法を変えていく源泉がもう一つありました。共同体の成員が文化的な変化を経験した場合には、法が平和的に修正されることがあります。しかしこれは別の問題であり、いずれ考察するつもりです。

◆戦争の歴史

このように共同体の内部でも、利害の対立は原則として暴力で解決するしかないのです。ところが共同体の成員は同じ土地でともに暮らしているので、ある共同性の感情が生まれます。それにこうした対立は必ず解決しなければならないものなので、この共同性の感情のおかげで、対立を短期間に解決しようとする気持ちが生まれます。その場合には、対立が平和的な方法で解決される可能性が絶えず高まるのです。

　しかし人間の歴史はいわば対立の歴史だと言っても過言ではないでしょう。ある共同体は別の共同体や、ほかの多数の共同体と対立し、大きな集団が小さな集団と対立し、都市と地方が対立します。部族も民族も王国も絶え間なく対立をつづけてきたのです。そしてこうした対立はほとんどいつでも、戦争によって、力比べで解決されるのです。そして戦争が起これば、敗北した集団は権利を奪われるか、全面的に支配されるか、あるいは部分的に征服されるようになるのです。

　ところでこうした征服戦争をいつでも悪しきものと決めつけることはできません。モンゴル人やトルコ人による侵略は災厄をもたらしただけですが、征服によってさらに大きな共同体が形成されれば、暴力を権利に変えるのに役立つこともあったのです。この大きな共同体では暴力を行使する可能性が失われ、新しい法の秩序のもとで、対立が調停されたのです。ローマ人が地中海諸国を征服したことで、貴重な「ローマの《パックス・》平和《ロマーナ》」が生まれました。そしてフランスの王たちが国土を拡張しようとしたことで、平和的に国土が統一され、フランスは繁栄したのです。

ですから逆説に聞こえるかもしれませんが、戦争はわたしたちが望む「永遠」平和を作りだす手段として、必ずしも不適切なものではないことも認めるべきなのです。戦争は大きな統一を作りだすことができます。そして統一された領土を支配する強力で中央集権的な支配者が、その後は戦争が起きないようにすることもできるのです。しかし実際にはそうはなっていません。というのは、征服によって生みだされた状態は、原則として長続きしないものだからです。新たに統一された領土もやがて瓦解《がかい》します。暴力で統合された領土は、つなぎとめておけないことが多いからです。

さらにこれまでの征服では、かなり広い地域を統合したとしても、部分的な統合しか実現できませんでした。そして内部で紛争が起こると、暴力で解決するしかなかったのです。人類はいつでも対立を戦争で解決しようとしてきました。そしてやがて、多数の小さな戦争、絶え間のない小さな戦争の代わりに、数は少なくとも巨大な破壊をもたらす大きな戦争を戦うようになってきたのです。

◆国際連盟

現代の状況を考察してみても、同じ結論にたどりつきます——あなたはもっと手早く、この結論に到達しておられたのですが。戦争を確実に防止するためには、人類が一つの中央集権的な政府を設立することに合意する必要があります。そしてすべての利害の対立を調定する権利を、この中央政府に委ねなければならないのです。

そのためには二つの条件が同時に満たされる必要があります。このような上位に立つ機構が設立されること、そしてその機構に、必要とされる権力が譲渡されることです。その片方だけでは不十分なのです。現在では国際連盟がそのような機構と考えられていますが、片方の条件が満たされていないのです。国際連盟には独自の権力というものがありません。この新たに成立した国際連盟に、個々の加盟国が権力を譲渡しなければ、国際連盟は必要とする権力をもつことはできないのです。しかし現在では、それが実現する見込みはごくわずかなのです。

国際連盟は、人類の歴史においてめったに試みられたことのなかった実験です。これほどの規模で試みられたことはかつてなかったのです。そのことを理解しないと、国際連盟の制度というものが何のために存在しているのか、疑問に思ってしまうかもしれません。国際連盟とは、通常であれば権力を所有することによって生まれ、強制的な影響力をもつ権威を、ある理想的な理念に訴えかけることで獲得しようとする実験なのです。

すでに確認しましたように、共同体を構成するには二つの条件が必要です。暴力による強制と、成員の感情的な結びつきです（心理学の用語ではこれを同一化と呼びます）[2]。ただし片方が欠けていても、残りの条件で共同体を維持することはできます。すでに述べた理想的な理念が意味をもちうるのは、共同体の成員の重要な一体感を表現する場合にかぎられます。だから問題なのは、この理念がどれほど強いかということなのです。

これまでの歴史から、実際にこうした理念が強い効果を発揮した例があります。たとえば汎ヘラス的な理念というものがありました。古代のギリシア人たちは、周囲に住む異民族（ギリシア人たちはバルバロイと呼びました）よりも自分たちは優れた存在だと考えていたのでした。そしてこの理念が、隣保同盟《アンフィクテュオニア》、デルフォイの神殿の神託、そして祝祭劇などにきわめて強く表現されたのです。この感情はポリスのあいだの戦争を穏やかなものとするだけの力はそなえていたのですが、もちろんギリシア民族のあいだでの戦争そのものを防げるほどの力はありませんでした。それでも、自分のポリスやポリス連合を守るために、敵であるペルシア帝国と手を結んで、ライヴァルのポリスに攻撃を加えるようなことはしなかったのです。

またキリスト教徒のあいだでの一体感は強いものでしたが、ルネサンス時代には、たがいに戦うキリスト教の小国や大国がイスラームの君主の援助を求めるのを妨げる力はなかったのでした。

現代においては、このような統一的な権威のある理念はないようです。いま世界の民族を支配しているのはナショナリズムの理念であり、これが国をたがいに対立させているのは明らかです。共産主義の理念が世界中に広まれば、ついに戦争はなくなると予言する人々もいます。しかしこのような目的が実現されるにはまだほど遠い状態ですし、恐るべき内戦を経験した後でないと、実現しないかもしれないのです。ですから、理念の力で現実の権力を抑えようとする試みは、いまのところは失敗する運命にあるようです。法とはもともとはむきだしの暴力だったこと、現在でも暴力による支えを必要としていることを忘れてはならないのです。

◆破壊の欲動

さてこれで、あなたが指摘されたもう一つの主題を検討できるようになりました。

あなたは、人間がいかに戦争にすぐに熱狂してしまうかと、驚いておられました。そして人間には憎悪や殺戮《さつりく》の欲動のようなものが働いているために、戦争へとつきすすんでしまうのではないかと指摘しておられました。これについてもわたしは、全面的に賛同いたします。わたしたち精神分析学者は、こうした欲動が存在することを信じているので、近年はこうした欲動の表現について研究を重ねてきたのです。この機会をかりて、精神分析の世界で、さまざまな手探りや動揺の後に構築されてきた欲動論について、ご説明させていただきたいと思います。

わたしたちは、人間の欲動には二種類のものしかないと考えています。一つは、生を統一し、保存しようとする欲動です。プラトンの『饗宴』ではこの欲動をエロスと呼んでいるので、わたしたちもこれをエロス的な欲動と呼びます。性的な現象についての一般的な考え方を敷衍《ふえん》して適用すれば、これを性的な欲動と呼ぶこともできるでしょう。もう一つの欲動は、破壊し、殺害しようとする欲動で、これを攻撃欲動や破壊欲動と総称しています。

ご存じのように、これは愛と憎悪の対立という周知の関係を理論的に美化しようとするものにすぎません。あなたのご専門の物理学の分野では昔から、引力と反発力の両極性が検討されてきたのですし、これに類似したものと言えるかもしれません。この対立について、善と悪の価値評価を始めるのは性急なことでしょう。どちらの欲動も不可欠なものであり、この二つの欲動が協力し、対抗することで、生命のさまざまな現象が誕生するのです。

ところで片方の欲動だけが、孤立した形で働くことはないようです。片方の欲動にはつねに、ある程度の大きさの反対の欲動が結びついているのです（精神分析の用語では、混ざり合っていると呼びます）。この混ざり合いによって、欲動の目標が修正されることがあります。場合によっては欲動の目標を実現するには、これらが混ざり合う必要があるのです。たとえば自己保存欲動はエロス的な性格のものですが、この欲動がみずからの意図を貫徹しようとすれば、どうしても攻撃欲動を活用しなければならなくなります。対象に向けられる愛の欲動は、そもそも対象を自分のものにするには、支配欲動を必要とするのです。この両方の種類の欲動の表現を、分けて考えるのが困難だったので、この二つの欲動の存在を認識できるようになるまで、長い時間がかかったのです。

わたしの考察はずいぶん長くなりましたが、もう少しおつきあいください。人間の行動は、さまざまな種類の欲動が加わった複合的なものとなっているのです。人間の行動が一種類の欲動の動きだけによるものであるのは、ごく稀なことです。欲動の動きというものはそもそも、エロスの欲動と破壊欲動で構成されているものなのです。原則として、人間が行動できるためには、複数の動機が同じように構成されて、作用することが必要なのです。

あなたと同じ物理学者であるゲオルク・クリストフ・リヒテンベルク教授がすでにこのことに気づいていました。古典主義の時代に、ゲッティンゲンで物理学を教えていた教授は、物理学者としてよりも心理学者として、重要な貢献をしたのかもしれません。教授は「人間が何かを実行する動因[*1]となるものには、風向きと同じように三二種類として分類できる。そして風向きと同じようにその名前を表現することができる。たとえばパン―パン―名誉とか、名誉―名誉―パンといった具合である」と語って、動機の分類方法を提案したのでした。

ですから多数の動機が、人間を戦争へと駆り立てているのです。それには高貴な動機も卑劣な動機も、声高に語られる動機も黙して語られない動機もあります。ここでそのすべてを挙げてみても意味のないことでしょう。そして攻撃の欲動や破壊の欲動が、こうした動機の一つであるのはたしかです。歴史においても日常の生活においても、数限りのない残酷な行為が行われてきたことが、この欲動の存在とその強さを証明しています。

この破壊的な欲求が、エロス的な欲求や理念的な欲求と分かちがたく結びつくことで、それらの欲動を満足させやすくなっているのはたしかなことです。これまでの歴史で犯されてきた残酷な行為について考えるとき、理念的な動機というものは、破壊的な欲望を充足させるための口実にすぎないのではないかと思わざるをえません。異端審問の裁判などでも、理念的な動機が意識されてはいても、無意識のうちでは破壊的な動機がこうした理念的な動機を強めているという印象をうけることもあります。どちらも考えられることでしょう。

＊1　最近の用語では動機と呼ばれます。

◆精神分析の神話

あなたが関心を寄せていただいたので、少し甘えすぎたかもしれません。あなたが関心をもっておられるのは、精神分析の理論についてではなく、戦争の防止についてだからです。それでもこの破壊欲動というものについて、もう少し説明させていただきたいと思います。この欲動についてはよく語られるのですが、その意味が十分に理解されているとは思えないからです。

わたしはさまざまに思索した後に、この欲動はすべての生物のうちで働いていて、その生物の生命を奪って、命のない無機物の状態に戻そうとするものだと考えるようになりました。ですからこの欲動は、まさしく死の欲動という名前で呼ばれるのがふさわしいのです。これに対してエロスの欲動は、生物の生きようとする努力を代表するものです。そして死の欲動が自分の特別な器官の力を使ってその生物の外部に、すなわち対象に向けられるときには、破壊欲動となります。生命体はいわば外部のものを破壊することで、みずからの生命を守ろうとするのです。

ところが死の欲動の一部は、生命体の内部に向かっても働きつづけているのです。そして精神分析では、正常な現象も病的な現象も、この破壊欲動が主体の内部に向けられることから説明しようとしてきたのです。キリスト教の考えからみると冒瀆《ぼうとく》と思われるかもしれませんが、人間の良心も、攻撃の欲動が主体の内部に向けられたために発生したのだと主張してきたのです。

こうしたプロセスがあまりに強くなると、その生物にとって懸念すべき状態になるのは、ご理解いただけると思います。何よりも不健全なものだからです。ところがこの欲動の力が外部の世界での破壊に使われると、生命体にとっては負担が軽くなるわけであり、好ましい結果をもたらすのは確実なのです。

ただしこう主張すると、わたしたちがなくそうとしている危険な欲動、戦争へと駆り立てられる憎むべき欲動を、生物学的に弁護することになりかねません。わたしたちはこの欲動に抵抗しようとしていますが、この欲動はこうした抵抗の試みよりも、もっと自然の本性に近いものだということを認める必要があるのです。いわばわたしたちがこの欲動に抵抗しようとする理由のほうこそ、説明する必要のあることなのです。精神分析のこうした理論はある種の神話のように、この場合にはとくに陰鬱《いんうつ》な神話のように聞こえると思われるかもしれません。しかしどの自然科学も、この種の神話のようなものにたどりつくのではないでしょうか。ご専門の物理学でも同じようなものではないでしょうか。

◆戦争防止の方法

これまで検討してきたことから、人間の攻撃的な傾向を廃絶しようとしても、それが実現できる見込みはないという結論になります。この地球には、人間が必要とするものを自然がふんだんに与えてくれる幸福な地域というものがあります。そしてこのような場所に住む民族は、安らかに暮らすことができるので、抑圧も攻撃性も知らないというのです。しかしわたしにはこれはほとんど信じられないことです。そんな幸福な人々がいるというなら、もっと詳しく知りたいほどです。

共産主義者たちも、人間の物質的な要求を満たして、共同体の成員のあいだに平等性を確立すれば、人間の攻撃性を消滅させることができると考えています。しかしわたしにはこの期待は幻想にすぎないと思われます。いまのところは彼らは慎重に武装しており、外部の人々にたいする憎悪で、共産主義を信奉する人々を団結させることは控えています。

それにあなたが指摘しておられるように、人間の攻撃的な傾向を完全に消滅させることを目指すべきではないのです。この欲動を別の場所に向けて、戦争においてその表現をみいださないようにすればよいのですから。

この神話のような精神分析の欲動の理論によると、戦争を防止するための間接的な方法はすぐにみつかります。人間がすぐに戦争を始めたがるのが破壊欲動の現れだとすれば、この欲動に抵抗するエロスの欲動に訴えかければよいのです。人間のあいだに感情的な絆を作りだすものは何でも、戦争を防ぐ役割を果たすはずです。こうした絆としては次の二つのものが考えられるでしょう。

第一の絆は、愛する対象との絆です（ただし性的な目標はそなえていない愛です）。愛について語るからといって、精神分析で恥ずかしく思う必要はないのです。宗教でも同じように愛について、「汝《なんじ》の隣人を汝みずからのごとく愛せよ」と語っているからです。ただしこの掟は、相手に求めることはたやすいのですが、みずから実行することは困難なものです。感情的な結びつきを強める第二の絆は同一化です。人間のあいだに大きな共通性を作りだすものは何でも、こうした一体感を、同一化を生みだすのです。人間の社会もかなりのところまでは一体感の力で存立しているのです。

あなたは書簡において、権威の濫用についてご不満を述べておられましたが、そこにはすべてを戦争で解決しようとする傾向を間接的に減らすための第二の手段のヒントが潜んでいます。そもそも人間は、指導者と指導者にしたがう人に分かれます。これは人間に生まれつきの不平等性であり、これをなくすことはできないのです。そして大多数は指導者に服従する人々です。自分たちのために決定してくれる権威を必要としますし、こうした指導者にはほとんど無条件にしたがうのです。

これについては、社会の上層部で、自律した思考をすることができ、威嚇されても怯《ひる》むことがなく、真理を希求する人々を養成することに、さらに配慮する必要があることをつけ加えておく必要があるでしょう。自律していない大衆は、こうした人々が指導すべきなのです。そして国家権力が干渉したり、教会が人々に考えることを禁じたりするならば、こうした自律した人々が育つはずもないことは証明する必要もないでしょう。

もちろん理想とすべき状態は、自分の欲動を理性の命令にしたがわせる人々の共同体でしょう。このような共同体で人々のあいだに生まれる結合は完全で、逆らうことのできないもので、そこでは感情的な絆が不要になるほどです。しかしこれは考えることはできても、実現できないユートピアの願望にすぎないものでしょう。ですから戦争を防止するためのこの第二の間接的な方法は、実行できるものだとしても、短期間で実現できることは期待できないのです。いわば臼《うす》の回り方が遅すぎるので、食べ物となる粉が碾《ひ》かれる前に、人間は飢え死にしてしまうかもしれないのです。

◆反戦の理由

ごらんのように、わたしのような世事に疎い理論家は、世界の実際的で緊急の問題には、あまり役立つ助言を与えることはできないものです。それよりも個々の問題に即した形で、実際にすぐにその危険に利用できる手段で対処するほうがましなのです。ですがわたしはもう一つだけ別の問題を考察したいと思います。この問題はあなたの書簡ではとりあげられていませんでしたが、わたしにはとても興味深く思えるのです。

それは、わたしたちがなぜこれほど反戦活動に熱中するのか、わたしもあなたもほかの人々も、人生のその他の多くの苦痛に満ちた苦難の一つとして、戦争をうけいれようとしないのはなぜかということです。戦争というものは、むしろ自然なもので、生物学的に十分な根拠があり、実際問題としてほとんど避けがたいものと思われるからです。

こんな問いを立てたことに驚かないでください。ある問題を研究するにあたっては、そこから超越しているかのような仮面をかぶることも許されるでしょう（実際にはこのような仮面はかぶれないのですが）。この問いには、戦争に反対するのは、すべての人は自分の生をみずから決定する権利を所有しているのに、戦争は希望に満ちた人間の生活を滅ぼしてしまうからと答えることができるでしょう。あるいは、戦争がもたらす状態は、人間を貶《おとし》めるものだから、望みもしないのに他人を殺すように強制するから、人間の労働の成果である貴重な物質的な価値のあるものを破壊するからと答えることもできるでしょうし、そのほかにも多くの理由がありうるでしょう。

かつては戦争は、英雄的な理想を実現する機会となったものですが、いまの戦争はそんなものではありません。そして、将来の戦争では兵器がさらに完全なものとなって、敵が絶滅してしまうか、あるいは敵も味方もだれもが絶滅してしまうかもしれないのです。これらの反戦の理由はどれも正しいものですし、議論の余地のないものにみえます。戦争の遂行が、すべての人間の合意によって禁止されていないのが不思議なくらいです。

たしかに戦争に反対する個々の理由には、議論の余地もあるでしょう。まず共同体には、成員の生死を決める権利がないという主張には疑問もあります。また、あらゆる戦争が同じように咎《とが》められるべきものだということもできません。乱暴にも、ほかの国や国民を絶滅させようとする意図のある国や国民が存在するかぎり、ほかの国は武装して、戦争の準備をしておく必要があるでしょう。しかしこうした疑問はすべて無視することにしましょう。あなたがわたしと話し合おうとされたテーマではないからです。

それよりもわたしが語りたいのはもっと別のことです。わたしたちが戦争に強く反対する主な理由は、ともかく反対せざるをえないからだと思います。わたしたちは平和主義者ですが、それはわたしたちが生理的に戦争が嫌だと感じるからです。それだからこそ、戦争に反対し、さまざまな反戦論を提示しようとするのです。

◆文明のもたらす帰結

これは説明しないと、分かりにくいかもしれません。わたしが言いたいのは、次のようなことです。はるかな昔から、人間のあいだで文化の発展のプロセスがつづいています（これを文明と呼ぶことを好む人もいることは存じております）。わたしたちのうちの最善のものは、この文化の発展のプロセスによって生まれたものですが、同じようにわたしたちを苦しめているかなりのものも、文化の発展のプロセスによって生じたものです。

文化の発展のきっかけと発端は、まだ十分に理解されていませんし、その成り行きもふたしかですが、いくつかの性格はかなり明確になっています。まず、文化の発展が進むと、人類は絶滅するかもしれません。さまざまな形で人間の性的な機能を減退させるからです。現に文化的な発展度が低い民族や、一国民のうちでも発展が遅れている層のほうが、文化的に洗練されている人々よりも、高い人口の増加率を示しています。このプロセスはある種の動物の家畜化のプロセスになぞらえることができるかもしれません。文化が発展すると、身体的に変化してくるのはたしかなのです。文化の発展が、このような身体的な変化をもたらすプロセスであるということは、まだ馴染みのないものかもしれません。

しかし文化が次第に発展してくると、人間の心に大きな変化が発生するのは、疑問の余地のないところです。人間の欲動の目標が次第にずらされ、欲動の動きそのものも制限されるようになります。わたしたちの祖先であれば強い快感を感じたはずの感情も、わたしたちにはどうでもよいもの、あるいは耐えがたいものにすら変わってしまいました。人間の倫理的および美的な理想要求が変化してきたことには、身体と心にかかわる理由があるのです。

心理学的な観点からすると、文化には次の二つの重要な特徴があります。一つは知性の力が強くなり、欲動をコントロールし始めたことです。もう一つは攻撃的な欲動が主体の内部に向かうようになり、これがさまざまな好ましい結果をもたらすとともに、危険な結果をもたらしていることです。文化の発展のプロセスのために必要とされてきたわたしたちの心的な姿勢は、戦争にはあくまでも抵抗するものであり、それだけにわたしたちは戦争に強く反対せざるをえないのです。わたしたちはもはや戦争には耐えることができないのです。これはたんに理性的な拒否や感情的な拒否というものではありません。わたしたち平和主義者は、戦争には体質的に不寛容になっているのです。生理的な嫌悪感が極端なまでに強まっているのです。ですからわたしたちが戦争を拒否することの背景には、戦争の残酷さにたいする反感だけでなく、戦争にたいする美的な観点からの嫌悪感も働いているようなのです。

さて、だれもが平和主義者になるまで、あとどのくらい待たねばならないのでしょうか。それはまだ分かりませんが、この二つの要素、すなわち文化的な姿勢と、将来の戦争のもたらす惨禍にたいする根拠のある不安という要素があいまって、近い将来に戦争はなくなると期待するのは、ユートピア的な希望ではないのかもしれません。それがどのような道や迂回路を通って実現するかは、予測もつきません。しかしいまのところ、文化の発展がもたらすものはすべてが、戦争を防ぐように機能すると主張することはできるでしょう。

心からのご挨拶を申しあげます。わたしのご返事の内容に失望されましたら、お赦《ゆる》しいただきたいと思います。

敬具

訳注

(1) 欲動(Trieb)は、人の心を駆り立てる力動的なプロセスである。欲動については、源泉、心迫、対象、目標の四つが重要な要素である。欲動の源泉は心的な刺激であり、その源泉における緊張(心迫)を解消することが欲動の目標であり、欲動の目標は対象によって、または対象を通じて実現される。前期のフロイトは欲動には大きく分けて性欲動と自己保存欲動があると考えていた。性欲動は性感帯における緊張を解消することを目指すものであり、自己保存欲動は、飢えや渇きなどの欲求を満たそうとするものである。

(2) 同一化とは、「ある主体が他の主体の外観、特性、属性をわがものにし、その手本に従って、全体的にあるいは部分的に変容する心理過程」(ラプランシュ／ポンタリス『精神分析用語辞典』みすず書房、三四四ページ)である。フロイトは子供が両親と同一化することで人格を形成し、集団では成員がその指導者に同一化することで、人格審級の代用物をみいだすなど、同一化が個人の人格の形成において中心的な役割を果たすと考えている。主体が理想化された対象と同一化すると、理想自我などの審級が形成され、主体は豊かになるとされている(同、四八三ページ)。なお審級の概念については一三四ページの訳注(4)を参照されたい。

戦争と死に関する時評（一九一五年）

1　戦争への幻滅

◆心の悲惨を招いた二つの要因

この戦時の混乱した渦のなかにあって、わたしたちは一方的な情報しか与えられず、すでに発生している巨大な変動や、これから始まろうとしている大きな変化に適切な距離をとることができないし、来たるべき将来の予測もつかない。このような状態では、押し寄せてくるさまざまな印象の意味を正しく理解できないかもしれないし、自分たちの判断の価値を誤認してしまうかもしれない。一つの出来事が、人間の共通の貴重な財産をこれほどまでに破壊してしまうことはなかったと思える。これほど多くの明晰《めいせき》な知性をもつ人々を惑わせたことも、知的な水準をこれほどに低めたこともなかったのではないだろうか。

学者たちまで、その冷静な公平さを失ったかのようである。きわめて激しい感情につき動かされ、学者たちは学問を敵と戦うための武器として利用しようとしているのである。文化人類学者は、敵を劣等で堕落した民族と宣言する始末であり、精神医学者は敵を精神障害者とか、心的な障害者と決めつけるありさまである。しかしわたしたちはこの時代の悪を強く感じすぎているのかもしれない。わたしたちには、自分が経験したことのない時代の悪と、現代の悪を比較する権利はないのかもしれない。

みずからは銃を手にとることがなく、この戦争の巨大なマシンの小さな歯車となっていない者は、進むべき方向を見失い、自分の力を発揮できなくなっている。こうした人は、進むべき方向をいくらかでも示してもらえるなら、どんなヒントでも歓迎することだろう。少なくとも心のうちだけでも、自分の進む方向が分かればよいのだ。戦闘に参加しなかった者たちの心はこのような悲惨な状態にあり、これを克服するのは困難な課題となっている。こうした悲惨な状態をもたらした要因として、ここで二つを考えてみたい。一つは戦争がもたらした幻滅であり、もう一つはこの戦争によって(あるいは他のすべての戦争でも)必要とされた死への心構えの変化である。

◆新しい〈祖国〉

わたしは幻滅と語ったが、それが意味するものはすぐに理解できるだろう。とくに同情心に篤《あつ》い人でなくても、苦悩が人間の生活の心的なエネルギーの構造《エコノミー》にとってどのような生物学的および心的な必然性をそなえているかは理解できるはずだし、戦争の目標と戦争で使われる手段を告発し、戦争の終結を願うことはできるのだ。たしかにさまざまな民族がこれほどに異なる生活条件のもとで暮らしているかぎり、そして民族ごとに個人の生活の価値の評価が異なるものであるかぎり、そしてさまざまな民族をたがいに分断している憎悪が、強い心的な欲動の力を代表するものであるかぎり、戦争はなくならないだろう。これは、これまでも言われてきたことである。

だから原始的な社会と文明化された社会のあいだの戦争や、皮膚の色の異なる人種のあいだの戦争、そしてヨーロッパのあまり文化の発達していない民族や、粗暴になってしまった民族のあいだの戦争については、まだしばらくはこれをやめさせることができないかもしれない。わたしたちにはそれをうけいれる用意はあったのである。

しかし人々が強く望んでいたのは、じつはこうした戦争をやめさせることではなかった。世界を支配する偉大な白人たちの国民であれば、たがいの不和や利害の対立を、戦争とは違う方法で解決する術《すべ》を学んでいるはずだと期待していたのである。これらの諸国は世界の指導を委ねられ、世界全体の利害にかかわる問題に配慮してきたことで知られている。自然を支配するための技術的な進歩を実現してきた国であり、芸術や科学の分野で高度な文化を創造してきた国なのである。

こうした国では国民は、厳格な倫理的な規範に服しており、文化的な共同体に参画しようとすれば、こうした規範によって、生活を律していくことを求められているのである。この厳しい倫理的な規範が個人に求めるものはきわめて多い。まず、みずからの生活を細かに律して、さまざまな欲動の満足を放棄することが求められている。とくに個人は、隣人との競争において、嘘と偽りによって自分だけの利益を求めることは、強く禁じられていたのである。

文明国は、こうした倫理的な規範を存立の基盤として成立しているのであり、この規範が侵犯されると、これを厳しく罰してきた。こうした規範を知性が批判的に吟味することすら、無意味なことと拒否してきたのである。だからこうした国家は、みずからも倫理的な規範を尊重するはずであり、こうした規範に違反してみずからの存在の基盤と矛盾するようなことを実行することはないだろうと想定されてきたのである。

この文明国にも、一部には国民からまったく愛されず、好まれない人々が含まれていたのはたしかである。しかしこうした人々もしぶしぶとではあるが、限られた範囲で、共同の文化的な仕事に参加することを許されたのであり、文化の仕事に十分な適性をそなえていることを明らかにしてきたのである。

しかし偉大な国家そのものは、共同生活の重要性については十分に理解しており、自分と異なる人々についても十分な寛容を示していると考えられてきた。だから古典古代の時期のように、「異邦の」という言葉が、そのまま「敵の」ということを意味するようなことは、あるべきではないはずだった。

この文明的な諸民族の統一のもとで、多数の人々が故郷を捨てて、外国に滞在するようになり、友好的になった諸民族との交流に依存して暮らすようになったのである。生活の必要性のために一つの場所に縛りつけられることのない人々は、文明国のさまざまな利点と魅力を集めて、そこから新たにより大きな〈祖国〉を作りだした。そして妨げられることなく、不審の目を向けられることもなしに、この祖国での暮らしを享受したのだった。こうして紺碧の海と灰色の海、雪をいただく山々と緑なす平原の美しき眺め、北方の森林の魅力と南方の植物の華麗さ、歴史の偉大な記憶を秘めた風景の趣と手のつけられていない大自然の静粛のいずれをも享受するようになったのである。

この新たな〈祖国〉は、一つの博物館でもあり、文明化された人類の芸術家たちが数百年にわたって創造し、遺産として残していったすべての財宝を蔵していたのである。この博物館の展示室から展示室へと歩みを進めるたびに、母なる大地が混血、歴史、独自の特徴をもって、祖国の広範な住民のうちにいかに多様なものを実現していったかを、公平なまなざしで確認することができたのだった。ここでは冷静で不屈のエネルギーが最高度の段階まで発展しており、かしこでは繊細な芸術が生を美しく飾りたて、またあるところでは秩序と法への感覚が研ぎ澄まされ、人間を大地の主人にしたさまざまな特性が輝いていた。

また、この文明世界の住民は、「神々の住む」特別な「パルナッソス山」と「叡智を学ぶ」「アテナイの学園」を作りだしていたことも忘れてはなるまい。すべての諸国の偉大な思想家、詩人、芸術家のうちから、生活を享受し、人生の意味を理解するためにもっとも役立つものを作りだした最高の人々が選びだされた。そして母語で語る親しみ深い巨匠たちと同列の存在として、古代の不滅の巨匠たちとともに崇《あが》められたのである。

文明の世界の市民たちはこれらの偉人たちを、外国語を話すという理由で疎んじることはなかった。人間の情熱の比類のない探求者も、美に耽溺《たんでき》した情熱家も、激しく威嚇する預言者も、繊細な皮肉屋も遠ざけられることはなかった。そしてこうした人々を崇拝したとしても、みずからの祖国と愛する母語にたいする裏切りとみなされることもなかったのである。

こうした文明の共同体を享受する人々にたいして、ときおり警告の声が発せられることもあった。昔からの民族的な違いのために、文明の共同体を構成する諸国のあいだでも戦争は避けられないというのである。しかしこのような警告を信じようとする人はいなかった。戦争になるとしても、いったいどんな戦争が可能であるか、理解しがたかったからである。

そしてこれは、古代からの人類の一体感の発達を証明する機会ともみなされたのだった。ギリシアの古代には隣保同盟があり、この同盟に所属するポリスを破壊することも、そのオリーブの樹を切り倒すことも、飲み水の供給を断つことも禁じられていたのである。また［中世の］騎士たちが武器をもって戦う場合にも、どちらが強いかを示すことだけが目的とされ、その決着をつけるために不要な重い傷を与えることはできるかぎり避けるようにしていた。戦いの場から退く必要のあるような傷を負った者や、傷の治療にあたる医師や看護人たちは、大切に扱われたのだった。

そしてもちろん住民のうちで戦争に従事しない者たち、武器をとらない女性たち、成長した後にはどちらの側にとっても友とも協力者ともなりうる子供たちには、ふさわしい配慮が加えられた。平和な時代に文化共同体の象徴であった国際的な事業や組織も、戦争のあいだに破壊されることはなかったのである。

このような「文明的な」戦争もまた恐ろしいものであり、耐えがたいものとみなされただろうが、人類のさまざまな集団のあいだの倫理的な関係や、民族や国家のあいだの倫理的な関係の発達を妨げることはないと考えられていたのである。

◆戦争のもたらした幻滅

ところがわたしたちが起こりえないと考えていた種類の「世界的な規模の」戦争がついに勃発したのだった。そしてこの戦争がもたらしたもの、それは幻滅である。この戦争では攻撃と防衛の目的で強力な武器が完成され、利用されたために、かつての戦争では考えられなかったような長期的な流血と損害をもたらしただけではない。これまでのどの戦争にも劣らず残酷であり、破壊的で、情け容赦のないものだった。平和なときには義務として定められ、国際法と呼ばれていたあらゆる制約が踏みにじられた。負傷者や医師の特権も、兵士と戦闘に従事しない住民の区別も、私有財産の保護の要求も無視されたのである。

この戦争は、妨げとなるすべてのものを盲目的な憤怒のうちに打破した。あたかも戦争の後には人類にはもはやいかなる未来も平和もないかのごとくであった。この戦争でたがいに死力をふるって戦う民族のあいだにかつて存在していたあらゆる共同の絆が断ち切られ、激しい怒りだけが残された。もはやこれから長い将来にわたって、これらの民族がふたたび共同の絆で結ばれることがありえないようにしてしまったのである。

この戦争はまた、ほとんど理解できないような現象を登場させた。文明化された民族がたがいに相手についての知識をもたず、理解もせずに、ただ憎悪と嫌悪の感情によって対立するようになったのである。それだけではなく、偉大な文明化された一つの国［ドイツ］が、すべての人々から不信の念を抱かれるようになり、「野蛮である」という理由で、文化の共同体から排除する試みがなされうるようになったのである。

この国民は、文明への偉大な貢献によって、文化の共同体に属する適性のあることが、ずっと昔から証明されていたにもかかわらずである。

ある公平無私な歴史家が登場して、いまわたしの書いているこのドイツ語を話す国が、愛する者たちがその勝利のために戦ったこの国が、人間の倫理的な掟に反することがもっとも少なかったことを証明してくれることを期待したい。しかしこのような時代にあって、みずからにかかわる事柄で、公平な裁きを行うことができる者がいるだろうか。

諸民族は、それが設立した国家によって代表されるものだと言えるだろう。その国家は、それを指導する政府によって代表されるものである。そして今回の戦争において、それぞれの民族に属する人々は、国家が国民に不正を行うことを禁じたのは、不正をなくすことを目的としていたのではなく、塩や煙草と同じように、国家が不正を独占しようとするためだったことを知って、驚愕したのである（もっとも平和な時代にも、そのことは薄々とは感じとられていたのだが）。戦争を遂行した国家は、個々の国民が行った場合には名誉を失うことになるあらゆる不正と暴力に手を染めたのである。

国家は敵国に、許されうるかぎりの策略を用いた。そのうえ意識的に嘘をつき、意図して欺いた。しかもこれまでの戦争でみられたよりもはるかに大規模な形で実行したのである。国家は国民には最大限の服従と犠牲を強いておきながら、過剰なまでの秘密主義と、報道や言論の検閲によって、国民の行動能力を剥奪してしまった。検閲によって国民は知的に抑圧され、不利な状況や忌まわしい噂にも、抵抗できなくなってしまった。さらに国家は、これまで他の諸国と締結してきた安全保障条約や協定を解消してしまい、所有欲と権力欲を広言して恥じることを知らず、愛国心の名のもとに、国民がこれを公認することを求めたのである。

国家が不正を行わないと、「敵国にたいして」不利な立場に立たされるから、これをやめるわけにはゆかないと言えるかもしれない。しかし個人にとっても倫理的な規範を遵守し、野蛮な権力の行使を放棄することは、原則的に非常に大きな不利益をもたらすものである。そして国家は国民に犠牲を強いておきながら、その犠牲にたいして償いをするのはごく稀なのである。

だから人類のさまざまな集団のあいだの倫理的な関係が緩んだことが、個人の倫理に影響を及ぼしたとしても意外なことではない。人間の良心というものは、道徳家の主張するような不屈な裁判官などではなく、その根源は社会的な不安にあるのであり、それ以外のものではないからである。共同体が悪を批判しなくなれば、悪しき情欲を抑える力はなくなる。そして人間は残酷で悪辣な行為を、裏切りと野卑な行いを、平然と犯すようになるのである。たとえこうした行為が、その文化の水準にそぐわないものとみなされていたとしてもである。

こうして、かつての文明世界の市民たちは、見知らぬものとなった世界のうちに力なく佇《たたず》むのである。〈偉大な祖国〉は崩壊し、共同で所有していた財は荒廃し、ともにこの世界の市民であった人々がたがいに対立し、品位を汚しあったのである。

◆人間の道徳的な発達

世界共同体の市民の幻滅について、批判の言葉を述べておくべきだろう。厳密に言えば、ある幻想が破綻したからといって、幻滅したと嘆く資格はないのである。幻想は不快感を免れさせてくれるものであり、不快を感じるのではなく、満足を享受させてくれるものであるからこそ、魅力的なのである。だから幻想が現実と衝突して、砕け散ったとしても、嘆かずにそのことを甘受しなければならないのである。

この戦争ではわたしたちは二つの点で幻滅を感じたのだった。まず国家は、自国の国民に向かっては倫理的な規範を守る監視人としてふるまうのにたいし、他国にたいしては倫理性の欠如をあらわにしたのだった。さらに最高度に発達した文化に参与していた個人が、信じられないほどの残虐なふるまいを示したのだった。

まず第二の［個人の］問題から検討してみよう。手始めに、批判すべき見解を簡単な［問いと答えの］文章で表現してから、批判することにしたい。人間はそもそものようなプロセスを通じて、高い道徳的な水準に到達するものなのだろうか。第一の答えは、人間は生まれたときから、最初から善良で高貴な存在だったというものだろう。しかしこの答えは検討に値するものではないだろう。第二の答えは、人間は道徳的に発達しなければならない存在であり、人間の悪しき傾向性が根絶され、教育と文化的な環境の影響のもとで、この傾向性が善の傾向性に変わることによって、高い道徳的な水準に到達すると想定するものだろう。しかしその場合には、このようにして根絶された悪が今回、これほど高い教育をうけた人々のうちに、これほどの強さでふたたび現れたことに、驚かねばならなくなる。

ここではわたしはこの第二の答えに含まれる［悪についての］考え方に反論したいと思う。実は悪が「根絶」されることなどありえないのである。心理学的な研究からも、厳密な精神分析の研究からも、人間のもっとも根深い本質は、欲動の動きにあることが示されている。欲動の動きは、すべての人のもっとも深いところで同じように働いている基本的な本性なのであり、これはある根源的な欲求の充足を目標とするのである。

この欲動の動きはそれ自体では善でも悪でもない。この欲動が人間の共同社会の欲求や要求とどのような関係にあるかに応じて、欲動とその表現が、善か悪かに分類されるのである。ただし社会から悪として断罪されるすべての欲動の動きは、人間の原初的な本性のうちにみいだされるのであり、そのうちで代表的なものは利己的な欲動と残酷さの欲動であることを認める必要がある。

◆反動形成

この原初的な欲動の動きは、長い発展段階を経験した後でも、成人の活動のうちにその痕跡を残しているのである。こうした欲動は抑止され、他の目標や分野に向け替えられ、たがいに融合し、その対象を替え、その一部をみずからのうちに向けるのである。ある種の欲動には反動形成が行われ、その欲動の内容が変わったかのようなみせかけを作りだすことがある(1)。そして利己主義から利他主義が生まれ、残忍さから同情が生まれたかのようにふるまうのである。

この反動形成にとって有利なことに、多くの欲動の動きはほとんど最初から、二つの対立するものが対《つい》になって現れるのである。これは非常に注目すべき状況で、「感情のアンビヴァレンツ」と呼ばれるものであり、一般には理解されにくいものである。このアンビヴァレンツをすぐに観察できる理解しやすい事例として、同じ人物において激しい愛と強い憎しみが同時に存在している場合をあげることができる。精神分析によってさらに、二つの対立した感情の動きが同じ人物に向けられるのも珍しくないことが明らかになったのである。

人間の性格というものは、こうした「欲動の運命」をすべて克服した後になって、初めて明確な形をとるものである。(2) だから性格を「善」とか「悪」に分類するのは、あまり意味のあることではないのである。ある人がまったくの善人であることも、まったくの悪人であることもごく稀である。ある側面では「善」であり、ある側面では「悪」であるのが通例である。あるいは特定の外的な条件のもとでは「善」であるが、他の条件のもとではきわめて「悪」であることもある。

これまでの経験から、成人した後に「善」人に変わるための明確な条件が、幼年期に強い「悪の」欲動の動きが存在していることであることが明らかになっているのは興味深い。幼年期に激しいエゴイストであった人が、成人してからはみずからを犠牲にして人々を手助けする市民になりうるのである。強い同情心をもつ人、人道主義者、動物愛護家が、小さい頃にはサディストであり、動物をいじめる癖のある子供だったことも多いのである。

◆欲動を改造する二つの要因

「悪しき」欲動を作り替えるには、内的な要因と外的な要因の二つが、同じ形で働く必要がある。内的な要因とは、悪しき欲動が（これを利己的な欲動と呼ぼう）、エロス、すなわちもっとも広い意味での愛の欲求によって影響されることである。エロス的な成分と混ざることによって、利己的な欲動は社会的な欲動に変貌するのである。愛されることは一つの恩恵であり、その恩恵をうけたいがために、その他の恩恵を手に入れることは諦められるようになるのである。

外的な要因とは、教育による強制である。教育は文化的な環境からのさまざまな要求を代表するものであり、文化環境からの直接の影響の力で与えられるのである。文化とは、欲動の充足によってえられる満足を放棄することによって獲得されるものであり、新たに文化に加わるすべての者は、同じように欲動の充足を放棄することが求められるのである。

個人の生涯を通じて、外的な強制が内的な強制に転換されるプロセスが絶えずつづけられる。文化の影響のもとで、利己的な欲動の動きにエロス的な欲動が加わることによって、利己的な欲動がますます利他的で社会的な欲動へと変貌していくのである。だから結局のところ、人間の成長の過程で生まれるすべての内的な強制は、最初は、すなわち人類の発展の歴史においては、外的な強制にすぎなかったと想定することができるのである。

今日生まれてくる幼子は生まれつき、利己的な欲動を社会的な欲動に転換するかなりの傾向（素質）をそなえている。わずかなきっかけで、この転換が発生するのである。この欲動の転換の残りの過程は、その人が生涯のうちで実行する必要がある。このように個人は、現在の文化的な環境の影響のもとにあるだけでなく、祖先の文化的な歴史の影響もうけているのである。

◆文化的な適性

一人の人間が、エロス的なものの影響のもとで、利己的な欲動を転換できる能力を、その人の文化的な適性と呼ぼう。すると、この文化的な適性は二つの部分で構成されることになる。一つは生まれつきの適性であり、もう一つは人生において獲得した適性である。人によってこの二つの適性の相互の関係はさまざまに異なるものであり、さらにこうした適性と、転換されることなく自分の欲動を満たしつづける方法との関係も、人によってかなり異なるものなのである。

一般にわたしたちには、生まれつきの適性を過大に評価する傾向がある。それに欲動の満たし方のうちで原初的なままに残りつづける部分よりも、文化的な適性のほうを過大に評価してしまう危険性がある。すなわち人間をその現実のあり方よりも「善い」ものとして評価しがちなのである。しかしわたしたちの判断を曇らせ、人間を現実よりも善いものだと間違って判断させる別の要因も存在しているのである。

わたしたちはもちろん他人の欲動の動きを知覚することはできない。他人の行動とふるまいから判断するしかないのであり、他人はその人の欲動の生に基づいた動機によって行動するものだと想定しているのである。しかしこのような推測があてはまらない人々もいる。すなわち文化的に「善い」行動が、「高貴な」動機から生まれることもあるが、そうでない場合もあるのである。

道徳哲学では、善き欲動の動きから生まれた行動だけが「善い」ものとみなされ、そうでないものは「善い」ものとは認められない。しかし社会は、実践的な意図が実現されることを望んでいるだけであり、全体としては動機の善さなどは無視するのである。社会にとっては、ある人が文化的な規範に基づいたふるまいと行動を示せば十分なのであり、その動機などはほとんど気にかけないのである。

しかしすでに述べたように外的な強制、すなわち教育と環境が人間に及ぼす強制によって、人間の欲動の生は善きものに作り替えられるのであり、利己主義から利他主義への変貌が実現するのである。しかし外的な強制はいつでも必然的に、このように同じ形で働くわけではない。教育と環境は、愛をもって報いるだけでなく、別の種類の報い、すなわち報奨と処罰によっても報いるのである。そして教育と環境の影響のもとで、文化的に善い行動をする決意をしたとしても、欲動を高貴なものとすること、すなわち利己的な傾向を社会的な傾向に転換する営みが実行されるとはかぎらないのである。

その結果はおおまかにみると同じことになる。ある人は自分の欲動の傾向の必要性に迫られて、つねに善いふるまいをするが、別の人は文化的な環境によって自分の利己的な意図が促進されるかぎりで善いふるまいをする。しかしその違いが分かるようになるのは、この両者が同じ特別な状況におかれたときだけなのである。個々の人間を表面的に観察しているかぎりは、この違いを認識することはできない。そしてわたしたちは楽観的な見方に誘われて、文化的に改造された人間の数を過大に評価しがちなのである。

◆偽善の役割

文明社会は、善い行動を促進するが、その行動がどのような欲動のために実行されたかは、まったく顧慮しない。だから多数の人々が文化に服従するようになったものの、本性からして服従しているわけではないのである。にもかかわらず文明社会はこうした成功に力づけられて、不用意にも道徳的な要求をきわめて高い水準にまでひきあげてしまった。そして社会の成員の欲動の素質からきわめて離れた高いところに道徳的な要求を定め、これにしたがうように強制したのである。

このために人々は自分の欲動を抑圧しつづけるようになり、この緊張が非常に顕著な反動現象や代償現象を生みだしたのである。性的な現象の領域では、こうした抑圧を貫徹するのがとくに困難なために、反動現象として神経症が発病する。文明のその他の領域では、圧力のためにこのような病理的な結果は生じていないが、性格形成に歪《ゆが》みが生じており、抑制された欲動が、ごく手短な機会を捉えて、いつでも噴出しかねない状態となっているのである。

長期間にわたって、道徳的な手本に基づいて行動するように強いられている人は、この手本がみずからの欲動の動きの表現でない場合には、心理学的な意味では、みずからの力量を超えた生活をしていることになるのであり、客観的には偽善者と呼ばれてしかるべきなのである。それはその人がこのギャップを明確に認識しているかどうかにはかかわらないのである。そして現代の文化が、この種の偽善を異例なほど多く助長しているのは否定できないことである。現代文化はいわばこうした偽善に頼って構築されているのであり、人間が心理学的に適切な状態で生きる必要があるのだとしたら、社会の根底的な変革が必要とされていると言っても差し支えあるまい。

だからほんとうに文化的な人間の数と比較すると、文化的な偽善者が圧倒的な多数を占めているのである。議論の出発点として、次のように主張することもできるほどなのである。すなわち、現代人の文化的な適性では、そのありようからしてこの文化を維持していくには不十分なのだから、ある程度の文化的な偽善は、文化を維持するために不可欠なのである、と。ところで文化がこのような偽善という疑わしい土台の上で、ともかくも維持されているという事実から考えると、将来の新しい世代ごとに、欲動の転換が次第に進行して、より善い文化の担い手が生まれるのではないかという望みもまた生まれてくるのである。

◆心的な退行

今次の戦争において世界市民たちが示した文明的ならざる行動に、わたしたちは苦悩し、辛《つら》い幻滅を感じたのだが、これまでの考察から判断して、それはむしろ根拠のないものだったのかもしれないという〈慰め〉がえられるのである。こうした苦悩や幻滅はそもそも、わたしたちが捉えられていた幻想に基づくものだったからである。実際には世界市民はわたしたちが信じこんでいたほどの徳の高さを実現していたわけではなかったのであり、わたしたちが懸念したほどに大きく堕落したわけではなかったのかもしれない。

戦争において民族や国家といった人間の大きな集団は、たがいに道徳的な制約を放棄してしまった。しかしこれは、しばらくのあいだは文化が及ぼしていた圧力から逃れて、それまで抑えられていた欲動をわずかなあいだでも満足させるための格好の刺激になったのかもしれない。こうした民族集団の内部では、道徳性の崩壊は相対的にはほとんど起こらなかったようにみえるからである。

そして戦争がわが国の未成熟な人々に起こした変化をさらに掘り下げて理解することで、彼らに不公正な判断をしてはならないことを学べるのである。というのは精神的な発達というものには、その他の発達プロセスにはもはやみることのできない特異な性格があるからである。村が町に成長し、子供が大人に成長すると、村や子供は町や大人のうちに姿を消してしまう。新しい姿のうちに昔の特徴を見分けることができるのは、記憶の力だけである。実際には古い素材や形式は消滅して、新しい素材と形式が生まれているのである。

ところが心の発達の場合には事情が異なる。これについては比較すべきものがないので、以前のすべての発展段階は、そこから生まれた後の段階と並んで保存されるとしか言いようがないのである。精神的な発達では素材は同一であり、この素材のうちにさまざまな変化が順次発生するのであるが、こうした継続的な発達が起こるためには、さまざまな発展段階が共存している必要があるのである。

早い段階の心的な状態は長年にわたって変化せずに存在しつづけており、それがある日、心的な力の表現形式としてふたたび姿を現すことがありうるのである。しかもその他のすべての後の発展段階が解消され、後退させられたかのように、早い段階の心的な状態だけがただ一つのありうる形式として登場することもあるほどである。

心的な発展にはこのような異例な可塑性《かそせい》がそなわっているのであるが、その発展の方向に制限がないわけではない。これは後退という方向をとるのであり、これを特別な後退能力（退行）と呼ぶことができる。というのは、発達が進んだ後期の段階は、ひとたび放棄されると、もはや取り戻すことができなくなることも多いからである。これにたいして心の原初的な状態はいつでも呼びだすことができる。原初的な心はあらゆる意味において、失われることがないのである。

専門家でない読者は、いわゆる精神疾患なるものは、精神と心の生が破壊されることだという印象をもっておられるかもしれない。実際には破壊されるのは後の段階に獲得されたもの、後期の発達の成果だけなのである。精神疾患の本質は、情動の生と機能が早期の状態に退行することにある。心の生の可塑性の実例として何よりもふさわしいのは、睡眠の状態だろう（わたしたちは毎晩、眠りにつこうと努力するのである）。

錯乱し、混乱した夢を解釈することができるようになって、わたしたちが理解したことは、人間は眠りに入ると、それまで苦労して獲得してきた道徳性を、あたかも仮面を外すかのように捨て去ってしまうということである。そして朝になって目覚めると、この道徳性という仮面をふたたびかぶるのである。

このように仮面を脱いでも、危険はない。睡眠状態においてはわたしたちは麻痺《まひ》していて、行動できなくなっているからである。夢だけが、わたしたちの感情生活の退行を通じて、早期の発達段階についての情報を与えてくれるのである。たとえばわたしたちの夢はすべて、利己的な主題に支配されていることは注目に値する。あるイギリスの友人が、アメリカで開かれた学問的な会議でこのことを主張したところ、その会議に出席していた女性が、オーストリアではそうかもしれないが、自分や友人たちは利他的にふるまっていると感じる夢もみると主張したのだった。この友人はオーストリア人ではなくイギリス人だったが、みずからの夢分析の結果に基づいて、この女性に反論して、夢では高潔なアメリカ人もオーストリア人と同じように利己的であると指摘しなければならなかったのである。

だから人間は欲動を改造することで文化的な適性を獲得するのであるが、この欲動の改造は生活の影響によって、持続的にあるいは一時的に、退行することもありうるのである。戦争が人間に及ぼす影響が、退行を生みだす力があることは疑問の余地がない。いま人々が文化的に行動していないからといって、そうした人々には文化的な適性がないと考える必要はないのである。そして平和な時代には、人々の欲動が改造されて、ふたたび優れたものとなることを期待してもよいのである。

◆今後への期待

世界市民の道徳的な水準がこのように低下したことは、わたしたちに苦悩をもたらしたが、さらにわたしたちを驚かせ、おびえさせた別の症状があることを指摘しておくべきだろう。きわめて優れた知性をもつ人々が、洞察力の欠如、頑迷さ、ごく説得力のある議論にも耳を貸そうとしない傾向、容易に論破できる議論に批判もせずに追随する傾向などの症状を示したのである。

これが悲しむべき光景を出現させたのは当然のことである。ここでわたしは、自分がある見方に凝り固まっていて、こうした知的な過失のすべてを片方の当事者のせいにするつもりはないことをとくに強調しておきたい。この現象はこれまで考察してきた現象よりも簡単に説明できるものであり、それほど懸念すべき問題でもないのである。人間通の人々や哲学者たちは以前から、人間の知性を独立した力として評価するのは間違いであり、知性が感情的な生に左右されることを見逃してはならないことを、教えてくれているのである。

人間の知性の働きを信頼できるのは、強い感情の動きにさらされていない場合だけなのである。強い感情の支配のもとにあるときは、人間の知性は意志の道具としてふるまうのであり、意志の求める成果だけをもたらす。論理的な議論は、情動的な利害関係の前では無力であり、利害関係が支配する世界では、根拠に基づいた論争は何ものも生まないのである。ファルスタッフの言葉を借りれば、根拠などというものは、ブラックベリーの実ほどに無数にあるものなのである(3)。

精神分析の経験はこれをさらに裏づけるものとなっている。ごく聡明な人でも、分析において示された洞察が、自分の感情的な抵抗にであうと、突如として精神薄弱者と同じようにふるまうことがあり、この抵抗が克服されると、すべての知性をふたたび取り戻すものであることを、精神分析医は毎日のように経験しているのである。今次の戦争においては、きわめて優秀な世界市民たちがまるで魔法にでもかかったかのように、論理的に思考できなくなってしまったのであるが、これも二次的な現象であり、感情の動きの結果なのである。こうした感情の動きが姿を消せば、この思考不能の状態も消滅することを期待しよう。

このようにして、わたしたちにとって疎《うと》い存在となった世界市民をふたたび理解できるようになれば、人間の大きな集団である民族がもたらした幻滅も、耐えやすいものになることだろう。民族にたいするわたしたちの期待度も小さくなっているからである。民族はおそらく個人の発達段階を反復するものであり、高い水準での統合という観点からすると、まだ原初的な組織段階にあるものなのである。教育が外的な強制を加えて道徳的な行動を促す働きは、個人においては効果的に機能しているのであるが、原初的な段階にある民族については、こうした効果はまだほとんど感じられないのである。

それでも交通と生産活動によって形成された大きな利害共同体が、こうした外的な強制の端緒を作りだすであろうと、期待してきたのである。ただし民族は現在ではその利害よりも、情熱にしたがっているようにみえる。民族が利害を利用するのは、せいぜいその情熱を合理化するためのようである。民族はその情熱を満たすための根拠として、利害関係を口実として利用するのである。

そもそもなぜ個々の民族は、たがいに貶《おとし》めあい、憎みあい、嫌悪しあうのだろうか。しかも平和な時代においても、すべての国民がそのようにするのか。これはもちろん一つの謎であり、わたしにもこの謎を解くことはできない。これについては次のことを指摘しておくしかないだろう。多数の人々、数百万の人々が集うと、個人が獲得してきた道徳的な要素は解消されてしまい、原初的で、ごく古く、粗野な心構えだけが残るのだと。この嘆かわしい状態が変わるのは、今後の人類の発達に俟《ま》つしかないのかもしれない。それでもすべての人々が、人間同士の関係においても、人々と支配者の関係においても、できるかぎりの誠実さと正直さを示すことが、この改革の道をなだらかなものとすることに役立つはずである。

2　死への心構え

◆死者への態度

かつては美しく、馴染み深く感じられた世界が、いまではこれほどに遠いものとなった第二の理由としてあげたいのは、死にたいしてこれまで固持してきた姿勢に、混乱が生じていることである。

わたしたちは死にたいして、率直な姿勢をとってきたとは言いがたい。わたしたちは尋ねられれば、死はすべての生けるものにとって避けがたい〈出口〉であること、人間はだれも自然にたいして死という〈つけ〉を負っていること、そしてこの〈つけ〉を払う準備をしておくべきであることを認めるだろう。要するに、死は自然なものであり、否定できず、避けがたいものであることを認めるのである。

ところが実際にはわたしたちは、まるでそうではないかのようにふるまっている。わたしたちには死を見えないところに隠してしまい、生から死を排除しようとする傾向があることは、疑問の余地のないところである。まるで死を黙殺しようとするかのようであり、これは「それを死のごとく［ないものと］思え」という諺も示していることである。この死とはもちろん自分の死のことである。

自分の死とは思い描くことのできないものであり、死を思い描こうと努力すればするほど、観察者のように自分の死を見守ることしかできないことが分かる。このため精神分析の世界では、だれも自分が死ぬとは信じていないとか、同じことだが、無意識のうちではだれも自分が不死だと確信していると考えられているのである。

他人の死については、文明人は死を迎えようとしている者の近くでは、死の可能性についても口にしないように慎重にふるまう。この配慮を無視するのは子供たちだけである。子供たちは、はばかることなく「死んでしまえ」と言って相手を脅すのであり、愛する人を前にして、こんなことを口にできるのである──「いとしいママ、ママが死んだら辛いけど、そしたらぼくはこんな人になるんだ」と。

成人した文明人は、他人の死を思いだすことも好まず、思いだした場合には自分のことを残酷な人だとか、悪い人だとか思い込むのである──医師や弁護士のように、職業的に死とかかわる必要のある場合は別であるが。他人が死ねば、自由がえられるとか、財産をうけ継げるとか、地位がえられるという場合にも、文明人であれば、他人の死を後ろめたさなしに思いうかべることを自分に許すことはないのである。

もちろんこのような思いやりを示したからといって、死ぬ人が少なくなるわけではない。そしてついに死が訪れると、そのたびごとにわたしたちは深く動揺し、期待を裏切られたような気持ちになるのである。そして死は、事故とか、疾病とか、感染とか、高齢などの偶発的な出来事をきっかけとして起こるものだと強調しがちなのであるが、その背後には死を必然性ではなく、偶然的なものと考えたいという願いが見え隠れしているのである。そして他者の死がつづくと、何か恐ろしいことが起きたかのように感じるのである。

わたしたちは死者にたいしては、きわめて困難なことをなし遂げた人にたいする崇敬の念を感じるかのような、ある特別な姿勢をとる。そして死者は批判しないようにする。死者が何か悪しきことをしていたとしてもそれを見逃し、「死者については善きことのみを語れ」と命令するのである。弔辞を述べたり、墓前にぬかずいたりするときには、死者をできるかぎり褒《ほ》めたたえるのがふさわしいとされているのである。死んでしまった者は、もはや他人の顧慮を必要としないのに、死者に顧慮することは、真実よりも大切なこととされている。わたしたちは多くの場合、生者にたいするよりも大きな顧慮を死者に払うのである。

◆死の必然性

そして死にたいするこの文化的で伝統的な姿勢もあって、近親者、父親や母親、夫や妻、兄弟や姉妹、わが子、親友が死んだりすると、わたしたちはまったくの虚脱状態に陥る。愛する者を葬るとき、わたしたちは自分の希望、欲求、喜びも一緒に葬る。もはや何者によっても慰められようとせず、失われた者を諦めて手放すことを拒む。こうした場合のわたしたちのふるまいは、愛する者が死んだときにはともに死ぬと言われた、かのアスラ族と同じようなものになるのである[4]。

このように死にたいする姿勢は、わたしたちの人生そのものに強い影響を及ぼしているのである。生きるというゲームにすべてが賭けられないとき、生そのものが賭けの対象となっていないときには、生は貧しいものになり、興味をひかないものとなるのである。生は味気なく、内実のないものとなる。アメリカ人の恋の戯れと同じように、最初から何も起きないことが決まっているのである。ヨーロッパにおける恋愛とはこのようなものではない。恋する二人はつねに深刻な結末を覚悟していなければならないのである。

わたしたちの感情の絆と、悲しみの耐えがたいほどの強度のために、みずからは危険を避け、親しい者たちにも危険を冒させないようにする。テスト飛行とか、僻地への探検とか、爆発物を使った実験など、危険であるがほんらいは不可欠な試みのことなど、考えてみるだけでも嫌がるのである。わたしたちはこのような試みに直面すると、不幸な事態になったらだれが自分に代わって母親の息子となりうるか、妻の夫となりうるか、子供の父親となりうるかと考えるだけで、麻痺してしまう。死を生の考慮のうちから排除しようとするこの傾向のために、ほかにもさまざまな営みが断念され、排除されてきた。だからこそハンザ同盟は「生きることではなく、航海することが必要なのだ」というモットーを採用しているのである。

だからわたしたちは、死によって失われたものの代償を生のうちで探し求めるには、文学や演劇などの虚構の世界に頼るしかないのである。虚構の世界には、死ぬことをわきまえている人物や、他人を殺すことのできる人物が登場する。わたしたちが死と和解することのできる条件が満たされるのはこの虚構の世界だけである。ここでのみ、生のさまざまな浮き沈みにもかかわらず、不可侵の生というものを維持することができるのである。

チェスのゲームでは、一手間違えるだけでゲームに負けてしまうが、悲しいことに人生も同じなのだ。ただし一つの違いがある。人生では敗者復活戦というものがない。ひとたび負けたら、それでおしまいである。しかし虚構の世界では、わたしたちが必要としている複数の生を生きることができる。小説の主人公と同一化しながら、わたしたちは主人公とともに死ぬのだが、じつは主人公よりも生き延びて、無事に別の主人公とともに新たに別の死を経験することができるのである。

戦争ではもちろん、この伝統的な死への姿勢は完全に放棄せざるをえない。もはや死を否定することはできず、死の訪れを信じなければならなくなる。人間はほんとうに死ぬのであり、しかも個人としてではなく、多数の人々とともに死ぬ。一日だけで数万の人が死ぬことも珍しくないのである。

そして死はもはや偶然ではなくなった。たしかにこの弾丸がどの人に当たるかは、偶然に思える。それでもこの弾丸に当たらなかった人にも、すぐ次の弾丸が当たるかもしれない。この積み重ねのうちに、死が偶然であるという印象は消え去ってしまう。そして生がふたたび興味深いものとなり、その完全な中身をとり戻したのである。

◆死にたいするアンビヴァレンツ

ここで人々を二種類のグループに分類してみよう。最初のグループは、戦いにおいて自分の生命をみずから捧げる人々であり、第二のグループは戦場には赴かず、愛する人が戦場で負傷や疾病や感染によって命を落とすのを待っているだけの人々である。兵士の心理的な変化について研究するのは興味深いことではあろうが、これについてはわたしの知識はわずかなものである。そこでわたしたちを含む第二のグループの銃後の人々だけを考察するしかない。

すでに指摘したように、戦争において死に直面したために、わたしたちの行動能力は混乱し、麻痺し、ひたすら困惑している。それは死にたいするこれまでの姿勢をそのまま維持できない一方で、新しい姿勢をまだ発見できないためだろう。だから死への新しい姿勢を発見するためには、死にたいしてわたしたちとはまったく異なる態度を示す二つの事例について、心理学的に研究することが役立つだろう。一つは原始人、すなわち太古の人間の死への態度であり、もう一つは、わたしたちの心の生のきわめて深い層にいまもなお潜んでいて、わたしたちが意識することのできない態度である。

太古の人間が死にどのような姿勢を示していたかを知るためには、帰納的な推理と再構成によるしかない。それでもこれらの手段で、かなり信頼できる情報を引きだすことができる。

原始人は、きわめて奇妙な姿勢で死に立ち向かっていた。この姿勢は一貫性のあるものではなく、矛盾に満ちたものだった。一方では死を正面からうけとめ、死とは生の終わりであることを認め、その意味で活用した。しかし同時に他方では死を認めようとせず、死は無にひとしいものだと考えていた。このような矛盾した姿勢をとることができたのは、原始人は自分自身の死を、他者の死、敵や異邦人の死とは根本的に違うものとみなしていたからである。

原始人にとっては他者の死は当然のものであり、憎しみの対象を滅ぼすものだった。そしてみずから他者の死をもたらすことに、まったく躊躇しなかった。原始人の気性は激しく、ほかの動物よりも残酷で、悪意に満ちていた。好んで、ごく当然のことのように他者を殺したのである。他の動物は、同じ種の生き物を殺し、これを食い尽くすことは避ける本能をそなえているが、人間にはこのような本能はなかったのである。

だから人間の原史は殺害に満ちた歴史だった。現在でも子供たちが学校で学ぶ世界史は、本質的に民族の殺害が連続する歴史である。人類は原初の時代からというもの、ある暗い罪悪感を感じつづけてきたのであり、これは多くの宗教において原初的な罪、原罪が存在するという想定として凝縮されている。この罪悪感はおそらく、原始の人類が負ってきたある流血の出来事にたいする罪の感情の表現なのだろう。

『トーテムとタブー』（一九一三年）では、W・ロバートソン・スミス、アトキンソン、チャールズ・ダーウィンの理論に依拠しながら、この太古の罪の性格について推論を試みた。わたしは、今日のキリスト教の教義にも、こうした罪の性格について推理するための手掛かりが残されていると感じている。神の息子が、人間を原罪から救済するために死ななければならなかったのである。同罪《タリオ》同罰の原理に基づいて考えると、この原罪とは同罪への報復、すなわち殺人の罪か、殺害だったに違いない。命を犠牲として要求することができるのは、人殺しの罪だけなのである。そして原罪が父なる神にたいする罪だとすれば、人間のもっとも古い罪は、父親の殺害だったに違いない。つまり原初的な人間の群れの原父の殺害だったのであり、この原父の追憶像が、のちになって神格化されたのである。[*1]

原始人にとって、自分の死というものが想像することができない非現実的なものであったのは、現在のわたしたちと変わらない。しかし原始人には、こうした死にたいする二つの対立する態度が直接に衝突し、たがいに矛盾に陥る特別な事例があったのである。この事例は非常に重要なものであり、しかも長続きのする結果をもたらしたのだった。それは現代のわたしたちと同じように、原始人が身内の人の死を迎えたとき、妻、わが子、友人のように、愛する人を喪《うしな》ったときである。愛情は殺人願望と同じように古くからあるものと考えられるのである。

そのときに原始人は、胸の痛みのうちで、自分もまた死ななければならないことを認識したのだった。原始人はこの認識にたいして、全存在をかけて反抗したのである。これらの愛する者たちは、原始人が愛するみずからの自我の片割れだったからである。しかし同時にこうした愛する者の死は、ある意味では原始人にとって正当なものだった。愛する人物のうちには、ある疎ましさが潜んでいたからである。

感情のアンビヴァレンツの法則は、現在でも最愛の人にたいするわたしたちの感情の絆を支配しているものであり、太古においてはさらに奔放に働いていたはずなのである。この死者となった愛する者はまた、見知らぬ人でもあり、敵でもあったのであり、ある程度の敵対的な感情をかきたてる存在だったのである。*2

＊1「トーテミズムの幼児的な反復」(『トーテムとタブー』の最終論文) 参照。
＊2「タブーとアンビヴァレンツ」(『トーテムとタブー』の第二論文) を参照されたい。

◆死の味

哲学者たちは、原始人が省察を始めるきっかけとなったのは、死のイメージが原始人に知的な謎を提起したためで、これがすべての思索の出発点となったと主張してきた。しかし哲学者はここではあまりに哲学的に考えているのではないだろうか。そして原初的な形で働いている実際の動機を、あまり配慮していないのではないだろうか。わたしはこの哲学者の意見にある制限を加え、これを修正したいと思うのである。原始人が敵を殺害したときは、敵の屍《しかばね》を前に勝ち誇ったはずであり、生と死の謎について頭を悩ますようなきっかけとなることはなかっただろう。

原始人が死の謎の探求を始めるきっかけとなったのは、死という知的な謎でも、どうでもよい人の死でもなく、自分が愛していながら、それでいてどこか、見知らぬ人でもあり、憎んでいた人物の死に直面して、感情的な葛藤が起きたことだったに違いない。この感情的な葛藤から、まず心理学的な考察が生まれてきた。もはや人は死を自分とは無縁のものとすることはできなくなった。死者への悼みにおいて、死の味を知ったからである。しかし自分が死ぬことは思い描くこともできなかったので、死というものを認めることは望まなかったのである。

こうしたときには人間は妥協するものだ。自分が死ぬことは認めたものの、死が生を否定するものとしての意味をもつことは認めなかったのである（敵の死はそのためのきっかけとはならなかった）。そこで愛する者の屍を前にして、人間は霊魂の存在というものを考えついた。そして悲哀と混じり合った満足からくる罪の意識のために、生まれたばかりの霊魂を悪しき霊と考え、これを恐れるようになった。

そして死が（身体に）もたらした変化を目撃することで、(5) 人間というものは一つの肉体と一つの（もともとは多数の）霊魂で構成された存在であると考えるようになった。人間の思考過程はこのように、死がもたらした屍の分解プロセスと並行して進んだのである。そして亡くなった人への思いは尽きないために、死後も別の形で存在しつづけると考えるようになった。こうして死はみかけだけのものであり、死後の世界における生という観念が生まれたのである。

この死後の存在はもともとは、死によって終末を迎えた生の〈おまけ〉のようなものだった。影のようなものであり、中身の空虚なものであり、かなり遅い時期まで軽視されていて、死後の世界についての情報はほとんどなかったのである。アキレウスの亡霊がオデュッセウスにどう答えたか、思いだしてみよう。

「先《さき》にはわれらアルゴス勢が、みな君を生きているうちから、神々にもひとしく尊敬していたうえに、今度はまた亡者の間でたいした威権を振っておいでだ、この国でも。されば決して死んだとて、嘆きたまうな。」

こう言ってやると、彼はすぐさまそれに答えて申しますよう、

「いや滅相もない、私の死を説きあかそうなどしてくれるな、オデュッセウスよ。むしろ私は、他人《ひと》に小作として仕え、畑の畔で働こうとも、まだ生きたがましと思ってるのだ。生活《くらし》もあまり裕《ゆた》かといえぬ、公田《くでん》も有《も》たぬ男のもとでも、この世を去った亡者のすべてに、君として臨むのよりはまだしもましだと。」*3

あるいはハインリヒ・ハイネの力強いパロディ形式の詩は次のように歌う。

ネッカー河のほとりのシュトゥッケルトで暮らす
どんなにつまらぬ俗物であろうと
生きているほうが幸せ
この私、ペリデス、死せる英雄にして
冥府の王であるよりも(6)

のちにさまざまな宗教が登場して、この死後の生をより価値の高いもの、完全に意味のあるものとする一方で、死によって終わりを告げた現世の生の価値を低めて、死後の世界のための準備にすぎないものとしたのだった。そうなると、生を過去にまで延長して、前世における存在とか、魂の輪廻《りんね》や再生などを考えだすようになるのは、必然的なこととなる。それもすべて死に、生の終焉という意味を与えないようにするための工夫だった。このように死の否定は伝統的で文化的なものと考えられやすいが、ごく早い時期からこうした営みは始まっていたのである。

愛する者の屍に直面して生まれてきたのは、このような霊魂の理論だけでも、不死にたいする信仰や、人間の罪の意識の深い根だけではない。最初の道徳的な掟もそこで誕生したのである。目覚めた良心の最初の重要な掟は、汝殺すなかれというものだった。愛する者の死にたいする悲哀の念の背後には、憎しみの充足が潜んでいたのであり、この掟はそれにたいする反応として定められたものだった。これがやがて愛しているわけでもない見知らぬ他者にまで、そして最後には敵にまで敷衍されていったのである。

この敵を殺すなという掟の意味は、現代の文明人にはもはや感じとれなくなっている。今次の戦争の荒々しい戦闘が終結したおりには、勝ち誇る兵士たちは喜び勇んで故郷に、妻と子供たちの待つところに帰還したのだった。そしてみずからの手で間近に殺した敵のことにも、遠隔操作による兵器で殺した敵のことにも、まったく気に掛けることも、煩わされることもないのである。

現代において、かつての原始人に近い暮らしをしながら生存している野生の民族が、西洋の文化的な影響をうけないかぎり、これとは対照的な態度を示しているのは注目すべきことである。こうした民族は、オーストラリアのアボリジニーでも、［アフリカの］ブッシュマンでも、［南アメリカの］フエゴ島の住民でも、人を殺して平然としていることはない。戦いで勝利を収めて帰還しても、長い時間をかけて面倒な贖罪の儀式をして罪滅ぼしをすませないかぎり、村に足を踏みいれることも、妻に手を触れることもできないのである。

もちろんこれは迷信のせいであり、野生の民族はまだ殺戮した死者の霊魂による復讐を恐れているのだと説明するのは簡単なことである。しかし殺戮された敵の霊魂とは、殺した者が自分の犯した流血の行為にたいする疚《やま》しき良心の表現にほかならない。この迷信の背後には、西洋の文化的な人間がすでに失ってしまった繊細な道徳的な感情が潜んでいるのである。*4

信心深い人々であれば、悪や卑劣なこととかかわらないところに人間の本性を探そうとするだろう。そして殺人を禁じるこのような厳しい掟が歴史のごく早い時期に登場していることを指摘して、人間の心のうちに植えつけられているはずの道徳的な感情の強さについて、満足のできる結論をだそうと躍起になるに違いない。しかしこの論拠は残念ながら、その反対のことを証明してしまうのである。このように厳しい戒律が定められているということは、その掟に反することをしたいという強い衝動が存在することを明かすのである。だれも望んでいないことなら、それを禁じる必要はないことは、自明のことなのである。[*5]「汝殺すなかれ」という掟が強調されているという事実が示していること、それはわたしたちが祖先の世代を無限にたどってゆけば殺人者たちにたどりつくこと、彼らの血が殺人欲に満たされていたこと、そしておそらくわたしたちの血も同じ欲望に満たされていることなのである。人類は道徳的な努力を積み重ねてきたのであり、この努力が懸命で、重要なものであったことに文句をつけるいわれはない。しかしこれも、人類の歴史において獲得されてきたものなのである。これは現代の人類に伝えられた遺産ではあるが、残念なことにこの財産の分配は、ごく〈まだら〉に行われているのである。

＊3　一一書四八四～四九一行（邦訳は『オデュッセイアー　上』呉茂一訳、岩波書店三五二～三五三ページ）。
＊4　『トーテムとタブー』を参照されたい。
＊5　フレーザーの説得力のある議論を参照されたい（『トーテムとタブー』参照）。

◆現代人における殺人願望

ここで原始人の考察を終えて、わたしたち自身の心的な生の無意識へと向かってみよう。この領域では精神分析の考察方法に頼るしかない。無意識の深いところまで考察をとどかせることができるのは、精神分析だけなのである。そして「わたしたちの無意識は死の問題にどのように立ち向かっているか」と尋ねるならば、「原始人とほとんど変わりはない」と答えざるをえない。ほかの多くの問題と同じように、死についても、太古の人間がまだわたしたちの無意識のうちにそのまま生き永らえているのである。

わたしたちも無意識においては、自分が死ぬことを信じていないし、あたかも不死であるかのようにふるまうのである。「無意識」と呼ばれるものは、人間の心のもっとも奥深いところにあり、欲動の動きによって形成されている層である。これは否定的なものをまったく知らず、否定作用を知らないものである。さまざまな対立は無意識のうちでは崩壊するのである。だからわたしたちが否定的な内容しか与えることのできない自分の死というものも知らないのである。

自分の死にたいして譲歩するようないかなる欲動も認めることができない。これが英雄的な精神の秘密なのかもしれない。英雄的な精神を合理的に根拠づけるならば、自分の生命など、抽象的で普遍的な善と同じようにまったく価値のないものと判断するものだと言えるだろう。ところがわたしの考えでは、英雄的な精神というものは、もっと本能的で衝動的なものである場合が多いのである。この英雄的な精神は、合理的な動機などはまったく無視して、アンツェングルーバーの石工のハンスの言葉、すなわちお前には何も起きないという言葉に頼って、危険を無視するものなのだ(7)。

前記のような合理的な根拠づけは、無意識の働きに応じて英雄的な反応を鈍らせがちなためらいをとりのぞくのに役立つだけなのである。これにたいしてわたしたちは、みずから自覚していないほどに死の不安に支配されているのであるが、この不安は二次的なものであり、罪の意識から生まれることが多いのである。

他方でわたしたちは見知らぬ人や敵にたいしては、死の訪れを平然と認めるのであり、原始人と同じように喜んで、いかなるためらいも感じることなく、死を宣告するのである。たしかにわたしたちと原始人ではある違いがあり、この違いは決定的なものと主張することもできるかもしれない――わたしたちの無意識は殺害を実行することはなく、それを考えて望むだけなのだと。しかしこの心的な現実性を事実としての現実性よりも小さなものと評価するのは不当なことである。心的な現実も重要であり、大きな帰結をもたらすものなのである。

わたしたちは無意識の働きのうちでは、自分の邪魔になる者や、自分を侮辱し、傷つけた者をすべて、日々刻々のように殺しているのである。怒ったときにわたしたちは冗談のように「悪魔にさらわれろ」という言葉を口にするが、これはもともとは「死んでしまえ」ということなのである。わたしたちが無意識のうちで、本気で心から相手の死を望んでいることを示すものなのだ。

わたしたちの無意識は、ごく些細なことからも殺人を犯すのである。アテナイのドラコンの法律では、罪を犯した者はすべて死刑にすることを定めていたが、これとまったく同じなのである。ドラコンの法もそれなりに一貫性があるのである。わたしの全能で独裁的な自我を傷つける行為は、すべて〈王への反逆罪〉なのである。

このように無意識的な願望の動きから判断するかぎり、わたしたちも原始人と同じように殺人者の群れなのである。しかしこうした願望が、太古の時代の人々が信じたような力をそなえていないのは幸いなことである。[*6] もしも対立した人々のあいだで、たがいに願望が十字砲火のように交わされていたとしたら、人類はとっくに滅んでいたことだろう。賢明で最善の男性たちも、きわめて美しく高貴な女性たちもすべて。

＊6 「思考の全能」（『トーテムとタブー』）を参照されたい。

◆現代人の死への態度

精神分析はこのようなことを主張するので、部外者からはほとんど信用されないのである。このような主張は中傷だとして否定される。意識が確実なものと保証しても無視されてしまい、無意識が意識のうちに姿を示すわずかな兆候があっても、巧みに見逃されるのである。

そこでわれわれの主張を裏づけるために、精神分析の影響をうけることはありえなかった多くの思索者もまた、人間は暗黙の思念のうちに殺人の禁止の掟に反して、いつでも邪魔者を片づける用意があることを示す告発を行っていることを指摘しておこう。多くの例をあげるまでもないだろうから、一つだけ実例を示しておこう。

バルザックは『ゴリオ爺さん』において、J・J・ルソーの作品を引用しているのだが、そこでルソーは読者に次のように問いかけている。(8) 読者がパリを離れることなく、そして犯行を発見されることもなく、北京の年老いたある高官を、念力だけで殺害することができるとすれば、そしてその死によって大きな利益をえることができるとすれば、読者はいったいどうするだろうかと。ルソーはここで暗黙のうちに、この北京の高官の命は風前の灯であると考えていることを示している。それ以来フランス語では、「中国の高官を殺す」という表現は、わたしたち現代人もまた、いつでも邪魔者を片づけたいと考えていることを示す格言のようになったのである。

また多数の辛辣なジョークや逸話が、同じことを証明している。ある亭主は妻に、「わしらのどちらかが死んだら、わしはパリに引っ越すぜ」と語ったというが、このジョークもその一例である。このような辛辣なジョークは、それが意識化されることを拒まれているある真実を語っているからこそ、生まれたのだろう。この真実がジョークとしてではなく、真面目に、はっきりと口にされたならば、だれもそれを真実として認めることはしなかっただろう。周知のごとく、冗談のうちでこそ、真実を語ることができるのである。

原始人の場合と同じように、現代人の無意識においても死にたいする二つの対立した態度が存在しているのである。一つは死によって生が否定されることを認める態度であり、もう一つは死を非現実的なものとして否定する態度である。この二つの態度がたがいに衝突して葛藤にいたっているのである。そして葛藤にまでいたるのは原始時代と同じように、愛する者、父親か母親、妻か夫、兄弟や姉妹、子供たち、親友のだれかが死んだとき、あるいは死の危険に直面したときである。

わたしたちにとってこれらの愛する人は、内的な所有物であり、みずからの自我の一部である。しかし同時にある意味では見知らぬ人であり、ときには敵でもある。もっとも濃《こま》やかで親密な愛情関係のうちにも、ごく稀な状況を例外として、わずかな敵意がこびりついていて、無意識のうちに相手の死を望む動きをかき立てるのである。このアンビヴァレントな葛藤から、原始人においては霊魂の理論と道徳的な掟が生まれたのであるが、現代ではそこから生まれるのは神経症である。そしてこの神経症は、正常な心的な生にたいする深い洞察をもたらすことができるのである。

精神分析の治療に携わる医師たちは、身内の者の幸福にたいして繊細すぎる配慮を示す患者や、愛する者が亡くなった後で根拠のない自責の念に苦しめられる患者たちの治療にどれほど苦労させられたことだろうか。精神分析医たちはこうした症例の研究から、現代人が無意識のうちに愛する者の死を強く望んでいること、そしてこうした願望が広まっていることを疑わなくなったのである。

精神分析を知らない人は、このような感情が存在しうると指摘されると、異常なまでの嫌悪を感じるものである。そしてこの嫌悪のために、精神分析の主張はやはり信じがたいと考えるようになるのである。しかしこれは不当なことなのだ。精神分析は人間の愛情生活を侮辱するつもりはないし、侮辱しているわけでもない。たしかに愛と憎しみをこのように結びつけることは、人間の普通の理解や感覚では考えにくいことだろう。しかし自然はこの愛と憎しみという対《つい》の感情を働かせているのであり、愛をその背後に控えている憎しみから守るために、愛をつねに新鮮で活発なものとしようとしているのである。人間の愛情生活がもっとも美しく展開されるのは、わたしたちの心のうちに秘められた憎しみという敵対的な感情にたいする反応《ヽ》としてであるとも言えるのである。

ここで議論をまとめてみよう。わたしたちは無意識のうちに、自分の死という考えを拒否し、見知らぬ人の死を願い、愛する人にたいしても分裂した（アンビヴァレント な）感情を抱くのである。これは原始人と変わらない。死にたいするわたしたちの伝統的で文化的な態度は、太古の時代の原始人とどれほど違うというのだろうか。

戦争が、この対立した状態をうまく利用することを示すのは簡単なことである。戦争によってわたしたちのうちで後代に形成された文化的な層が剝《は》ぎとられ、中に潜んでいた原始人がふたたび前面に登場するのである。戦争においてわたしたちはふたたび、自分が死ぬことを信じない英雄となることを強いられる。見知らぬ者を敵とみなし、敵を死にいたらしめ、敵の死を願わせるのである。そして戦争はまた、わたしたちに愛《いと》しい者の死を耐え抜くように励ますのである。

しかし戦争は廃絶することができないものである。さまざまな民族の存在条件がこれほどに異なり、さまざまな民族のあいだの反感がこれほどに強いかぎり、戦争はなくならないだろう。ここで一つの疑問が生まれる。わたしたちは戦争が存在することに諦めの念を抱き、戦争に自分を合わせていくべきではないのだろうか。死にたいする文化的な態度は、心理学的には人間の現在の状態にふさわしいものではなく、むしろ前に戻って、真実を告白すべきではないのだろうか。現実においてもわたしたちの思考においても、死にふさわしい場所を与え、死にたいする無意識の態度を、これまでのように抑圧することに心を配るのではなく、もっとはっきりと示したほうがましなのではないだろうか。

そうしたところで何か大きな成果が生まれるわけではないし、多くの場合には後退や退行が生まれることになる。しかしこうした姿勢には、真実のありかたに配慮し、人生を耐えやすいものにしてくれるという利点があるのはたしかである。すべての生物にとって、人生に耐えることが第一の義務なのではないだろうか。人生に耐えるために役に立たない幻想など、価値のないものなのだ。

ここでわたしは古い格言を思いだす。「平和を保とうとすれば、戦にそなえよ」(Si vis pacem, para bellum)。

しかしここでこの格言を修正するのは時宜に適ったことだろう。「生に耐えようとすれば、死にそなえよ」(Si vis vitam, para mortem)と。

訳注

(1) 反動形成とは、人間の成長過程において、性格と道徳の形成に大きく貢献するものである。小児は自分の性的な興奮を感じると、それに抵抗しようとする反動衝動を生じさせ、それが性的な興奮の不快感を抑えるために、心的な堤防を作るとされている。フロイトはこれが嫌悪、羞恥、道徳の源泉となると考えたのである。

（2）アンビヴァレンツと「欲動の運命」については、フロイト『自我論集』（中山元訳、筑摩書房）収録の「欲動とその運命」の文章を参照されたい。

（3）ファルスタッフは王子ヘンリーにいいかげんな嘘をついた理由を追及されて、「理由などブラックベリーの数ほどもある」と居直る。シェイクスピア『ヘンリー四世』第一部第二幕第四場。

（4）アスラは古代のインドやイランの神々の名称であり、阿修羅の原語である。『マハーバーラタ』には、アスラの一族の戦いが描かれている。この引用は、ハイネの詩「アスラ族」（『ロマンツェロ』所収）の最後の行である。邦訳では、「たそがれにサルタンの姫がうるわしく行きつもどりつ」しながら、泉のほとりにいた若者に名前を尋ねると、その若者は「生国は／イエンメン　名はモハメット／わが種族アスラ族にて／恋すれば死するが運命」と答えている。『ハイネ全詩集』四巻（井上正蔵訳、角川書店、一〇〇〜一〇一ページ）を参照。

（5）訳文の（身体に）のところはフィッシャー版での補足である。

（6）ハイネの遺稿『一八四五年から一八五六年の詩作品の遺稿集』の第三部「嘆きの

うた」の最後の詩「死にゆく者」の最後の部分(Heinrich Heine, *Sämtliche Schriften*, Bd.6, Carl Hanser Verlag)。ペリデスはアキレウスの異名である。

(7)ルートヴィヒ・アンツェングルーバー(一八三九〜一八八九)はオーストリアの劇作家で、農村の人々を描いた多くの作品で愛された。石工のハンスは民衆の智恵を体現する人物として『十字架に署名する人々』(一八七二)で脇役として登場するほか、『石工ハンスの物語』(一八七四/七五)では主人公として活躍する。この言葉は『十字架に署名する人々』で語られて有名になった。

(8)バルザックの『ゴリオ爺さん』の登場人物同士の会話では、ルソーの本の中で「シナの老大官を、パリから一歩も離れずに、ただ念力だけで殺して大金持ちになれるとしたら、さて読者はどうするかと、作者が訊ねているくだりがあったのを覚えているかい?」と訊ねる場面が描かれている(『バルザック全集』八巻、小西茂也訳、東京創元社、一一七ページ)。

喪とメランコリー（一九一七年）

◆喪とメランコリーの共通性

夢とは、正常な形でナルシシズム的な精神障害が現れる現象であり、これまでわたしたちはこの現象について分析してきた。そこでここでは、喪という正常な情動と比較しながら、メランコリー（鬱病《うつ》）の現象の本質を解明してみたいと思う。ただし、この分析で大きな成果がえられるという過大な期待をもたないようにしよう。鬱病という概念は、精神医学においても明確に規定されていないし、臨床的にもさまざまに多様な形式で表現される。鬱病を一つの統一のとれた疾患として規定するのは困難にみえるのである。そして鬱病の中には心因性の病気というよりも、身体的な病と思われるものも含まれるのである。

この分析で利用するのは、観察者がうける印象は別にして、確実に心因性のものであると判断できる少数の症例に限定することにしたい。だからわたしたちの考察の結果がすべての症例にあてはまることは、最初から求めないようにしたい。また現在の研究方法では、ごく典型的なものは発見できるだろうが、それでも鬱病という情動のすべてに適用できるものではないかもしれない。ただ少数の症例には適用できるものであることを考えて、みずからを慰めることにしよう。

鬱病と喪を比較して考察するのは、この二つの情動の全体像に共通するところが多いことからも、適切なことだろう。[*1] まずこの二つの情動はどちらも、生活におけるある特定の出来事をきっかけとして生まれる。明確に認識できるかぎりでは、いずれも同じ出来事の影響から生じるのである。喪の営みが必要となるのは、愛する人を失った場合とか、愛する人に匹敵する抽象的な概念、すなわち祖国、自由、理想などを失った場合である。そして病的な素質の疑われる人物においては、この同じ出来事の影響のもとで、喪ではなく鬱病の症状が発生するのである。

ある人が喪の仕事のために、日常生活においてきわめて異例なふるまいをするとしても、喪を病的な状態だと考える人はいないし、医師による治療が必要だとも考えない。しかしこれは実は注目すべきことなのである。わたしたちはしばらくすれば喪の仕事は終わると信じているのであり、喪の仕事がきちんと行われ〈ない〉ことのほうが、理に適わないこと、有害なことだと考えているほどなのである。

メランコリー（鬱病）の心的な特徴をあげてみると、深刻な苦痛に貫かれた不機嫌さ、外界への関心の喪失、愛する能力の喪失、あらゆる行動の抑止と自己感情の低下などがある。この自己感情の低下は、自責と自己への軽蔑として表現され、ときには妄想的に自己の処罰を求める欲求にまで高まることもある。

喪もまた同じような症状を示すのであり、ただ自己感情の障害が起こらないことが鬱病との違いである。他のすべての特徴は鬱病と共通しているのであり、喪と比較して考察することで、鬱病を理解しやすくなるのである。たとえば愛する人を失った後では重い喪の仕事が行われるが、この喪においては、苦痛に満ちた気分、外界にたいする関心の喪失（外界が愛する人を思い出す手掛かりとなる場合を除く）、新しい愛の対象をみつける能力の喪失（新しい対象は、失われた愛する人の代わりになるかもしれないのだが）、そして死者の思い出とかかわりのないあらゆる行動の回避などがみられる。どれも鬱病と共通する特徴である。

自我にこのような抑止と制限がみられた場合には、その人が喪の仕事に完全に没頭していることを示すものである。喪の仕事にとりかかっている人には、もはや別の意図や関心などは残されていないのはすぐに分かる。こうしたふるまいが病的なものと思えないのは、その原因がすぐに説明できるからである。

また、喪の気分を「苦痛に満ちた」気分と呼ぶ比喩も、適切なものと思われる。この苦痛をリビドーの配分（エコノミー）という観点から説明できるようになれば、この比喩の正しさを明らかにすることができるだろう(1)。

＊1　精神分析の世界で、喪と鬱病を比較した考察は多くはないが、この分析で優れた成果をあげているアブラハムも、喪と鬱病の対比から考察を始めている（『精神分析中央雑誌』二巻六号、一九一二年）。

◆喪の仕事の役割

では喪の仕事はどのような役割を果たしているのだろうか。それを次のように説明しても不自然ではないだろう。愛する人を失った者は、現実を吟味することで(2)、愛する人がもはや存在しないことを確認する。そこでその者は、失われた対象との結びつきから、すべてのリビドーを解き放つべきであると認識するのである。しかしこの要求に抵抗が起こるのはよく理解できることだ。そもそも人間は、自分のリビドーのポジションを変えたがらないものだ。新たな対象から誘われたとしても、抵抗しようとすることは、よく観察されることである。この反抗がきわめて強くなると、その人は現実から目を背け、幻覚のうちで願望と現実が入り混じる精神病のような症状のもとで（以前に発表した論文を参照されたい）、対象に固着することもありうるのである。

正常な状態とは、現実を尊重する態度を維持することである。しかし喪の仕事についている人には、この課題をすぐに実現できるわけではない。長い時間をかけて、備給エネルギーを多量に消費しながら、一歩ずつ実現していくのであり、そのあいだは失われた対象が心のうちに存在しつづける。リビドーが結びつけられていた対象を追想し、追憶しつづける作業のうちで、こうした感情が停止し、変形される。やがて備給されていたリビドーがあふれだし、解放されていくのである(3)。

この現実の命令を一歩ずつ実行していくのに必要な妥協の作業が、なぜこれほどまでに苦痛に満ちたものであるかは、リビドー配分の観点からはまったく説明できない。そしてわたしたちにとっては、この苦痛の不快さがなぜ当然のものと思えるかが、不思議なほどなのである。それでも自我は喪の仕事を完了すれば、ふたたび自由になり、抑止も解除されるのである。

◆鬱病の病状

　さて、喪について確認したことを鬱病にも適用してみよう。さまざまな症例から、鬱病も愛する対象の喪失への反応であるのは明らかである。ただし動機によってはこの喪失が、はるかに観念的な性格のものとなる場合もある。対象が実際に死んだのではなく、愛の対象として失われた場合もある（たとえば見捨てられた花嫁の場合）。またこのような喪失が発生したのはたしかだと思えるのに、何が失われたのかが明確には認識できない場合もありうる。そしてその場合にはどうやら患者本人にも、自分が何を喪失したのかが分かっていないとみられるのである。

　さらに患者本人が、鬱病のきっかけとなった喪失について自覚している場合にも、何を喪失したのかが認識されないこともある。患者はだれを喪ったかは分かっているのだが、自分が何を喪失したのかを理解していないことがあるからである。このように鬱病は、意識されない対象の喪失にかかわるものである。喪失したものが十分に意識されている喪との違いはそこにあると考えることができよう。

　喪の場合に発生する自我の抑止と関心の喪失は、自我が喪の仕事に完全に没頭してしまうことから、すべてを説明することができた。鬱病の場合にも、自覚されていない対象喪失の後で、同じような仕事が心のうちで実行される。鬱病にみられる行動の抑止はそれで説明できる。ただし鬱病がもたらす抑止は、他人に謎めいた印象を与える。患者がどのような仕事に没頭しているのかが、分かりにくいためである。鬱病の患者では、異例なほどの自己感情の低下と、自我の顕著な貧困化が発生するが、喪の仕事にはこのような特徴はみられないのである。

喪では、外界が貧困になり、空虚なものとなる。ところが鬱病では、貧しくなるのは自我そのものなのである。鬱病の患者はみずからの自我を、価値のないもの、無力で、道徳的に咎《とが》められるべきものと表現するのである。患者はみずからを責め、みずからを罵倒し、追放され、処罰されることを期待さえしているのである。患者はだれの前でも卑下する。自分にかかわりのあるすべてのことについて、それがかくも卑しい人格とかかわりをもつのは悲しむべきことだと嘆くのである。

患者は自分に起きた変化についてうまく判断できない。そして過去にまで自己批判の刃を向け、自分はこれまで善き人であったことがないと咎めるのである。このような主として道徳的な側面からの自己卑下の妄想は、不眠と拒食によってその頂点に達する。心理学的には非常に奇妙なことだが、みずからの生命を維持しようとするすべての生物に共通の欲動までが克服されてしまうこともあるのである。

このようにみずからの自我を告発している患者に反論するのは、科学的にも治療的にも好ましいことではない。こうした主張にもどこか正当なところがあるはずなのであり、患者は自分にそうみえるがままの状態を、口にしているだけなのである。患者の主張のいくつかは、そのまま認めるべきである。患者は、みずから主張しているおりに、外界への関心を失っているのであり、愛する能力も、行動する能力も喪失しているのである。しかしすでに指摘したように、これは二次的なものにすぎない。心のうちで、喪の仕事と同じような仕事が行われているだけなのであり、その仕事が患者の自我を消耗させているのである。問題なのは「喪の仕事とは違って」、わたしたちにはそれがどのような仕事なのかを認識できないことである。

また、鬱病でない人と比較すると、鋭く真実をついていて、根拠のあるようにみえる自己告発もある。患者が自己批判を研ぎ澄ませるとき、自分を無価値で、利己主義的で、不誠実で、自立できない人物であり、自分の本質的な弱みを隠そうとする努力ばかりしている人間だと描きだすとき、わたしたちにも患者は自己の真実に近づいているようにみえるのである。疑問なのはむしろ、なぜこうした自己の真実を把握するために、病気にならねばならないのかなのだ。真実を語っているかどうか、みずからを多かれ少なかれ不当に扱っているかにかかわりなく、このように自己を評価して、それを他者に告げる人は、病的であるに違いないからである（王子ハムレットはまさにこのような自己評価をみずからにも、他人にも要求していたのだが）。[*2]

外からみても、鬱病患者のこの自己卑下の強さは正当なものではないことがはっきりとしていることも多い。しっかり者で、有能で、義務を忠実に果たしていた女性が鬱病になると、実際に役立たずの女性よりも、みずからを低く評価するものである。褒《ほ》め言葉の一つもみつけられないような女性よりも、しっかり者の女性の方が鬱病にかかりやすいほどである。

最後に、鬱病患者のふるまいは、後悔や自責の念にうちひしがれた普通の人のふるまいとは違った性質のものである場合が多いことは、注目に値する。正常な人でも、後悔や自責の念に駆られると他人に激しい恥辱の感情を抱くものだが、鬱病患者の場合には、こうした恥の感情が欠けているか、ほとんど気づかれないほどである。鬱病患者は反対に、自分の真の姿を露呈することに満足をみいだすかのように、切迫したありさまで自己の内実を告げようとするのである。

＊2 「[人に] 相応などということになれば、誰だって刑罰の鞭をまぬかれないものはないよ」(『ハムレット』第二幕二場。邦訳は三神勲訳、『シェイクスピア全集 6』筑摩書房、二五〇ページ)。

◆鬱病の矛盾と自我の審級

だから鬱病の患者の厳しい自己卑下にはある根拠があるのであり、その自己評価と他者の判断が一致しているかどうかは、それほど重要なことではない。それよりも患者は自分の心理状況を正しく表現しているのであり、これが大切なのである。患者はみずからへの尊敬の念を失っており、それには十分な根拠が存在しているはずである。こうしてわたしたちは解き難い謎につつまれ、矛盾した状況に直面することになる。わたしたちはまず喪の仕事とのアナロジーに基づいて、鬱病は対象の喪失に苦しめられているのだと考えた。しかし患者の語る言葉によると、[対象ではなく] 自我の喪失に苦しんでいるのである。

この矛盾について検討する前に、鬱病患者の情動が与える印象は、人間の自我の構成について、ある洞察を与えるものであることを指摘しておきたい。鬱病の患者では自我が分裂しており、自我の一部が他の部分と対立させられている。自我のある部分が別の部分を対象とみなして、鋭く批判しているのである。ここでは自我の一部が批判的な審級として分離されていることが分かる。そしてほかの状況でも、この審級は独立性を示すのではないかと考えられるのであり、観察をつづけると、この推測の正しさが証明されるのである(4)。

わたしたちはこの審級を自我の他の部分から分離するほんとうの根拠も発見することができるだろう。ここで確認された審級は通常は良心と呼ばれているものであり、意識の検閲や現実吟味とともに、自我の重要な機構の一つと考えることができる。問題なのは、この審級そのものが単独で病むことがありうることであり、それもどこかで証明することができるはずである。

鬱病の病像は、みずからの自我にたいする道徳的な嫌悪を他者の前にさらけだそうとするものである。身体的な欠陥、容姿の醜さ、弱さ、社会的な地位の低さがこうした厳しい評価の対象となることはごく稀である。ただし貧困だけは、患者の懸念や主張のうちで重要な位置を占めることがある。

◆鬱病の病像

さてすでに指摘した矛盾を解明するために、これまではあまり重視してこなかった観察点をとりあげてみよう。鬱病患者が語る自己への多様な非難の言葉に忍耐強く耳を傾けていると、こうした言葉のうちでもとくに強い非難の言葉が、患者の人格にあてはまることはごく稀であることに気づく。わずかな修正を加えてみればその多くは、患者が愛する人、かつて愛した人、または愛そうとして愛せなかった人に該当するものではないかという印象を払いのけることができなくなるのである。そして実際の状況を調べてみればみるほど、この推測は確認されるのである。自己への非難の言葉は、もともとは愛する対象に向けられるべき言葉であり、これが方向を変えて自我に向けられたものだと考えると、鬱病の病像の鍵が手に入るのである。

「自分のようなできそこないの女と結婚して、あなたがかわいそうだ」と語る妻は、それがどのような意味で言われたとしても、もともとは夫ができそこないだと告発しているのである。自己への非難の言葉が、実は相手への非難の言葉だとすると、そこにある程度の本物の自己非難の気持ちがちりばめられていたとしても、不思議なことではない。自分を非難しておけば、相手をごまかせるし、自分のほんとうの気持ちが明らかになることがない。こうした自己への非難は、愛情の喪失の原因となった愛情の葛藤を肯定する気持ちからも、否定する気持ちからも生まれることがある。

こう考えると、鬱病患者の態度は理解しやすくなる。語の古い意味で、彼らの愁訴は告訴なのである。彼らが自分を卑下して語るすべての言葉は、基本的に他者を指して語られているのであるから、それを語ることを恥じることも、隠すこともないのである。患者は品格の卑しい人物にふさわしい形で、周囲の人々に自分の謙遜や卑下の気持ちを表明しているのではない。むしろ周囲の人々からひどく不当な目にあわされた人物であるかのように、これ以上ないほど苦しみ、自尊心を傷つけられているのである。これは、患者の精神的な姿勢の反応がそもそも周囲にたいする反抗という態度から生まれているからこそ可能なのである。そして特定のプロセスを経ると、これは鬱病的な後悔の念に変わることがある。

◆鬱病のメカニズム

このプロセスを再構成するのは困難なことではない。患者は対象選択を行い、リビドーを特定の人物に固着させたのである。ところが愛する人から実際に侮辱されたり、失望を味わわされたりすると、それに影響されてこの愛する対象との関係が揺らいでしまう。ふつうであればリビドーをこの対象から引きあげて別の新しい対象に移すのであるが、さまざまな条件のもとでは別の反応が発生することがある。対象へのリビドーの備給はそれほど抵抗なく放棄されるが、解放されたリビドーが別の対象に移されるのではなく、自我に引き戻されるのである。

この自我に引き戻されたリビドーは自由に使われるのではなく、放棄した対象と自我を同一化するために使われる。対象の〈影〉が自我に乗り移って、これがある特別な審級によって対象そのもの、放棄された対象そのものと判断されるようになる。こうして対象の喪失が自我の喪失に姿を変え、愛していた対象と自我との葛藤が、自我への批判と、同一化によって変貌した自我とのあいだの分裂となるのである。

このようなプロセスに想定される前提と帰結から、すぐにいくつかの結論を示すことができる。このようなプロセスが発生するためには、まず愛する対象にリビドーが激しく固着していることが必要である。他方ではこれとは矛盾することだが、対象へのリビドーの備給の放棄はあまり抵抗なしに行われるはずである。

オットー・ランクの適切な解釈によると、この矛盾した状況は次のように考えられる。[5] 最初の対象の選択はナルシシズム的な土台の上で行われたものであり、対象へのリビドーの備給に困難が発生すると、対象に向けられたリビドーはナルシシズムに退行することができる。愛の感情を備給する代わりに、対象へのナルシシズム的な同一化が発生する。そのため愛する人とのあいだに葛藤が発生しているにもかかわらず、愛情を放棄する必要はなくなるのである。

このような形で同一化が対象への愛情の代用とされることは、ナルシシズム的な情動の重要なメカニズムである。K・ランダウアーは最近、統合失調症の治癒のプロセスにおいてこのようなメカニズムを発見することができた。[*3] これはもちろんある型の対象選択が、根源的なナルシシズムに退行することに対応している。すでに別の論文で詳しく考察したように、同一化は対象選択の前段階であり、自我が対象を選択する際の最初のアンビヴァレントな段階である。[6] 同一化において自我は対象をみずからのうちに取り入れようとして、リビドーの発達の口唇期[7]のありかたやカニバリズムの段階にふさわしく、対象を食べ尽くすという方法をとる。アブラハムは深刻な鬱病状態における拒食を、この視点から考察しているが、それは根拠のあることである。

こうした理論的な研究からえられる結論は、鬱病的な疾患に陥りやすい素質や傾向の人では、ナルシシズム型の対象選択が優勢になるということであるが、これはまだ臨床研究では確認されていない。この論文の序のところでも、この研究が依拠している経験的な資料は、わたしたちの要求に適うような十分なものではないことを指摘しておいた。観察した事例がわたしたちの推論と一致すると想定することができれば、鬱病の特徴は対象へのリビドーの備給がまだナルシシズム的な口唇期のリビドー段階に退行することにあると結論することをためらわないだろう。

対象との同一化そのものは、転移神経症でも稀なことではなく、ヒステリーにおいても、症状形成のメカニズムとして確認されている(8)。しかしナルシシズム的な同一化とヒステリーにおける同一化にはある違いがある。ナルシシズム的な同一化では対象へのリビドーの備給が放棄される。これにたいしてヒステリーでは、リビドーがまだ対象に残されており、それが影響を及ぼすのである(これは通常は特定の行為や刺激伝達にかぎられる)。転移神経症においても同一化は、ある共同性の表現であり、これは愛情を意味することがある。ナルシシズム的な同一化はさらに根源的なものであり、これはまだ解明されていないヒステリー的な同一化を理解するための手掛かりとなるものである。

＊3 『国際精神分析医学雑誌』第二巻、一九一四年参照。

◆鬱病の条件

このように鬱病はその性格の一部を喪の仕事から借り、また別の一部をナルシシズム的な対象選択がナルシシズムに退行するプロセスから借りているのである。鬱病は、それが実際の愛の対象の喪失から生じたものであるという意味では喪の反応と同じであるが、正常の喪にはない特定の条件があると、正常の喪が病的なものに変化することがあるのである。

愛の対象の喪失は、愛情関係におけるアンビヴァレンツを働かせ、前面に押しだす上で、重要なきっかけとなる。そこに強迫神経症になる素質が存在していると、喪におけるアンビヴァレントな葛藤がこの素質を利用して病的なものとなる。そして愛の対象を喪失した責任が自分にあり、そのことを自分が望んだのであるという自責の形を必ず示すようになる。愛する人が死んだ後のこのような強迫神経症的な鬱状態は、リビドーが同時に退行的な形で自我に撤収されないと、愛情におけるアンビヴァレントな葛藤がそれだけでもどれほど強い力を発揮するかを教えてくれるのである。

鬱病に陥るきっかけとなるのは、［愛する対象の］死による喪失という分かりやすい出来事だけではない。侮辱されたり、無視されたり、失望を味わうなど、愛と憎しみという対立が忍び込んだり、すでに存在していたアンビヴァレンツが強められるようなあらゆる状況がきっかけとなりうるのである。

このアンビヴァレンツの葛藤は、現実的な要因に由来するものであることも、素質に由来するものであることもあるが、いずれにしても鬱病の発病の前提として無視できない。愛する対象そのものは放棄されたのに、対象への愛だけは放棄できないと、その人はナルシシズム的な同一化へと逃げ込む。そして愛する相手の代わりに自我を備給の対象とするが、その対象に憎悪が働くようになる。そして自我を罵倒し、侮辱し、苦しめることで、サディズム的な満足がえられるのである。

鬱病患者が自己を苦しめて満足をえているのは明らかであるが、これは強迫神経症にみられる同じような現象と同じように、対象にたいしてサディズムと憎悪の傾向を満足させるとともに、みずからにも同じサディズムと憎悪の傾向を向けることになる。[*4] 鬱病でも強迫神経症でも患者は、自己処罰という迂回路を経由して、もともとの対象に復讐することに成功するのである。もともとの対象に直接に敵意を示さなくてもすむように、鬱病という疾患にかかるのであり、この病を通じて愛する人を苦しめるのである。

患者の情緒障害の原因となっている人は、通常は患者の周囲にいて、患者の病はこの人に向けられているのである。このように鬱病患者の対象にたいする愛情の備給は二つの運命を経験することになる。同一化へと退行するか、あるいはアンビヴァレントな葛藤の影響のもとで、その葛藤に近いサディズムの段階に戻るのである。

＊4　この二つの傾向の違いについては、「欲動とその運命」を参照されたい。

◆自殺願望の謎

このサディズムによって初めて、鬱病における自殺願望の謎が解ける。この自殺願望のために鬱病は興味深い疾患であるとともに、危険な病となっているのである。欲動の生の原初的な段階は、自我の強い自己愛にあるはずである。そして生命が危険にさらされるときに発生する不安においては、非常に多量のナルシシズム的なリビドーが放出されると考えられるので、自我が自己の破壊に同意する理由が理解できないのである。

神経症においては、自殺の意図がみられることは少なく、他者にたいする殺人衝動を自己に向け変えることがないことは以前から確認されていたが、［鬱病では］どのような力関係のもとで、自殺の意図が実行に移されるのかは謎のままだった。ところがこれまでの分析から、対象へのリビドーの備給を自己に向け変えることで、自己を対象として扱い、対象に向けられていた敵意を、対象としての地位を占めるようになった自己に向け変えることができることが分かったのである。外界の対象にたいする自我の本来の反応を自己に向けるときには、自我は自己を殺すことができるのである（これについても「欲動とその運命」を参照されたい）。

このように、ナルシシズム的な対象選択が退行すると、対象は放棄されるものの、対象はまだ自我よりも強い存在であることが明らかになったのである。自我は極端な愛着を感じるか、自殺するかという二つの正反対な状況において、それぞれ異なる形で対象に圧倒されるのである。

◆鬱病の謎

ちなみに鬱病の極端な特徴の一つとして、自我の貧困化の不安が前面に登場することが挙げられるが、これは肛門愛が結びつきから引き裂かれて、退行しながら変貌したものと考えることができよう。

鬱病はまた別の問題も提起するが、これには十分な答えは提示できない。ある一定の期間がすぎると、追跡できるような顕著な変化を示すことなく病状が消滅してしまうことがあり、これは喪と共通する特徴である。喪の場合には、現実吟味の命令をことこまかに実行するためにある程度の時間が必要である。そしてこの仕事を終えた後に、自我は失われた対象からリビドーを解放できるという道筋が理解できる。鬱病の場合にも、自我は喪と同じような仕事に従事すると考えることができる。ただしどちらの場合にも、まだリビドー配分の観点からの解明は行われていない。

鬱病にみられる不眠症は、この仕事の困難さを示すものである。睡眠するためには備給したリビドーを全般的に回収する必要があるが、患者はその作業を実行できないでいるのである。鬱病のコンプレックスは、あたかも開いた傷口のように、すべての場所から備給エネルギーを自分に集めるのであり（これは転移神経症の場合には「逆備給」[9]と呼ばれている）、自我がまったく貧困になるまで、空っぽにしてしまう。そしてこれは自我の睡眠願望にたやすく抵抗することができるのである。心因的には説明できないので、おそらく身体的なものと考えられる要因によって、夕方になるとこの不眠症の症状は緩和されることが多い。

この説明にたいしてはすぐに疑問が浮かんでくる。一つは、鬱病の病像を確立するためには、対象を考慮にいれない自我喪失（純粋にナルシシズム的な自我の疾患）だけで十分なのではないかという問いである。もう一つは、薬物による自我リビドーの貧困化が直接に特定の形式の情動を引き起こしうるのではないかという問いである。

◆鬱病と躁病

鬱病にみられる奇妙な特徴として、それが症状的には正反対な状態である躁《そう》病に転換する傾向がある。これはとくに解明が必要な特徴である。すべての鬱病がこの運命をたどるわけではないことはよく知られている。多くの鬱病の症例は周期的に再発するものであり、再発する前には躁病の傾向がまったくないか、ほとんどみられないのである。また鬱病の段階と躁病の段階が規則的に交互に訪れる症例もあり、これは循環性の精神疾患と呼ばれている。

精神分析の作業でこうした疾患の多くが解明され、治療効果をもたらすことができたのであり、それでなければこうした疾患は心因的には理解できないものとされていただろう。だから鬱病の精神分析的な解明を躁病にも適用することは妥当なことであるだけでなく、必要なことでもある。

ただしこうした作業が十分に満足できる結果をもたらすとは約束できない。ここでは最初の手探りのための方向を示すだけで十分であろう。わたしたちが手掛かりとして利用できるものが二つある。一つは精神分析によってえられた印象であり、もう一つはいわば一般的な心的なエネルギー配分の経験である。

すでにさまざまな精神分析の研究者が語っていることであるが、躁病は鬱病と同じ内容をもっており、どちらの情動も同じ「コンプレックス」を経験しているという印象をうける。鬱病では自我がこのコンプレックスに屈服しているが、躁病では自我はこのコンプレックスを克服し、これをとりのぞいているとみられるのである。

また心的なエネルギー配分についての観察の経験が示しているのは、躁病に通例みられる病像は喜び、歓喜、凱歌の状態であるが、躁病におけるこうした状態ではどこでも、同じエネルギー配分の条件が確認されるのである。こうした歓喜が訪れる前までは、膨大な心的なエネルギーを長い期間にわたって消費してきたか、こうした心的なエネルギーの消費が習慣にまでなっていた。そしてやっとのことで心的なエネルギーが溢れるほどになると、患者はそのエネルギーをさまざまな場所で利用し、放出することができるようになるのである。

実例を挙げよう。たとえば貧乏に暮らしてきた人が大金を手にいれて、これまで毎日のパンを手にいれるために強いられてきた苦労から急に解放されたと想像してみてほしい。あるいは長い苦労がついに報われて、当初の目的を達したとき、抑圧的な強制や長いあいだかぶってきた仮面から急に解放されたときを思い描いてほしい。

このような状況では人は昂揚した気分になり、喜びに満ちた感情を放出し、心的にはどんな行動でもとれると感じるものである。これは躁病とまったく同じ状態であり、鬱病による抑鬱や行動の抑止とは正反対である。躁病はこのような凱歌の状態にほかならないが、この場合にも自我は自分が何を克服したのか、何に勝利を収めたのかを知らないという特徴があると言っても間違いではないだろう。

これに類似した状態として、酒による昂揚した酩酊が挙げられる（ただし泣き上戸でない場合にかぎる）。この場合も、長らく抑圧のもとで心的なエネルギーを消費していた人が、薬物によって意図的にこの抑圧を除去したのだと言えよう。精神分析に詳しくない人は、このような躁の状態では、酩酊したときと同じように「できあがっている」ために、やたらに動きたがり、何かをしたがるのだと考えがちだが、このような連想はもちろん間違いである。躁の状態では、すでに指摘した心的な生におけるエネルギー体制《エコノミー》の条件が満たされたために、これほど上機嫌になり、行動の抑制がなくなるのである。

この二つの手掛かりが暗示しているものは、次のようにまとめることができよう。躁病では、自我は対象の喪失を克服しているはずである。あるいは喪失についての悲哀を、またはおそらく対象そのものを克服しているはずである。そして鬱病の苦痛に満ちた苦悩では、それが自我から引きだしてみずからに拘束していた逆備給の全体量を、躁病患者は利用できるようになっているはずである。躁病患者は、それまで苦しめられていた対象から解放されていることをはっきりと誇示するかのように、飢えた人の食欲をもって、新しい対象にリビドーを備給するのである。

この説明は説得力のあるものだが、まだ不明確なところが多すぎるし、答えられないような新しい問いや疑問をわたしたちにつきつける。これらの問いや疑問を考察したところで、解決への道が開けるとは期待できないかもしれない。それでも、こうした考察を避けたいとは思わないのである。

◆喪と悲哀のリビドー体制

まず最初に正常な喪について考えよう。喪でも躁病と同じく、自我は対象の喪失を克服し、喪の仕事のあいだは自我のすべてのエネルギーを吸収している。喪の仕事が終わると、凱歌の段階が訪れる。この勝利の段階にみられる心的エネルギーの経済的な条件が、喪の仕事の段階にはまったく存在していないのはなぜだろうか。この疑問に簡単に答えることはできない。この疑問は、喪の仕事がその役割を果たすためにどのような心的なエネルギーを利用しているかについて、まったく推測もできていないことに、注意を喚起するのである。ただし次のように推定することはできるだろう。

喪の段階で追想や追憶が発生する個々の状況は、リビドーが喪われた対象に結びつけられていることを示すものであるが、現実吟味によって、対象がもはや存在していないという判決が下される。そして自我は、この対象の喪失と運命をともにするかどうかを決めることを迫られる。そして生にとどまることを求めるナルシシズム的な欲望の満足を求める力が強いために、自我は喪われた対象への固着を解くことを決めるのである。このリビドーの解放のプロセスは長い時間がかかり、一歩ずつ進められる過程である。そのためこの喪の仕事が終わると、そのために必要だったエネルギー消費も姿を消してしまうと考えることができる[*5]。

喪の仕事についての推測から、鬱の仕事について仮説を導くのは魅力的な作業である。しかしすぐにこの作業の不確実な要素に直面することになる。これまでは鬱病の分析では局所論的な観点はまったく考慮にいれてこなかったのであり、鬱の仕事がどのような心的なシステムの内部で、または心的な諸体系のあいだで行われるのかという問いは立てられていないのである。鬱病では無意識的な対象への心的なエネルギーの備給は放棄されたが、そこでどのような情動の心的なプロセスが働いたのだろうか。自我においてその代理物と同一化する際に、どのような情動の心的なプロセスが働いているのだろうか。

すぐに思いつき、ここに書き留めることができるのは、「対象の無意識的な（物の）表象がリビドーから引き離される」ということである。ただし実際にはこの表象は無数の個別の印象によって、その無意識的な痕跡によって代表されるものである。このリビドーの撤収は、瞬間的なプロセスとして行われるのではなく、喪の仕事の場合と同じように、緩慢で段階的に進むプロセスとして実行されるのはたしかである。

このプロセスがさまざまな場所で同時に始まるのか、それともある特定の順序を踏むのかは、簡単には判断できない。患者を分析すると、あるときはこの記憶が、またあるときは別の記憶が想起され、単調で退屈させられるような愁訴が、それぞれのたびごとに無意識的なさまざまな理由から語られるのを確認できることが多い。

対象が自我にとって、多数の結びつきで強められた大きな意味をもつものではない場合には、その対象が喪失しても、喪や鬱病を生みだすことはない。リビドーの撤収が個別に行われることは、喪にも鬱病にもあてはまる特徴であるが、これは心的なエネルギーの状況が同じであり、同じ傾向にしたがうものだからであろう。

すでに指摘したように、鬱病は正常な喪と比較して内容が豊富である。対象との関係は単純なものではなく、アンビヴァレンツの葛藤のために、複雑なものとなっている。このアンビヴァレンツは素質的なもので、自我のすべての愛情関係と結びつくものであるか、あるいは対象の喪失の脅威が引き起こした経験から生まれたものであるかのどちらかである。だから喪は通常は対象の死という現実の喪失だけによって引き起こされるのにたいして、鬱病はもっと異なる誘因で発生する。鬱病においてはいわば対象をめぐる無数の闘いが起こり、この闘いにおいて憎悪と愛がたがいに争う。憎悪は対象からリビドーを解き放とうとし、愛はこうした攻撃からリビドーを守ろうとするのである。

これらの個々の闘いは、無意識の体系のうちで起こる。言葉を所有する意識の体系ではなく、事物の記憶の痕跡の〈王国〉である無意識の体系のうちでしか起こりえないのである。たしかに喪の仕事の場合にも、リビドーを解き放つ試みが行われるのは無意識の体系においてである。ただ喪の場合には、このプロセスが前意識から意識にいたる通常の道を経由することを妨げるものはない。しかし鬱の仕事では、おそらく多数の原因とその組み合わせの作用のために、この道が塞がれているのである。

素質的なアンビヴァレンツはそもそも抑圧されたものの一つであり、対象とのあいだでトラウマになるような経験が発生すると、その他の抑圧されたものを作動させるのである。だから鬱病に特有な出口が生じるまでは、これらのすべてのアンビヴァレントな闘いは意識されないままである。鬱病の出口とはすでに述べたように、脅威にさらされたリビドーの備給がついに対象を捨てて、リビドーの最初の出発点であった自我のところに戻ることである。愛はこうして自我のうちに逃避することで、消滅しないですむのである。リビドーが退行した後では、このプロセスは意識されるようになり、自我の一部と批判的な審級のあいだの決闘として、意識のうちに再現されるのである。

鬱の仕事において意識にのぼるのは、この仕事の本質的な部分ではないし、わたしたちが苦悩の解決に影響を及ぼすことができると考えている部分でもない。患者の自我がみずからを蔑《さげす》み、みずからに憤慨していることは分かるのだが、それがどのような結果をもたらすのか、それをどのようにすれば変えることができるのかは、患者にもわたしたちにも理解できないのである。わたしたち分析医には、鬱の仕事の意識されない部分がこのような事態をもたらしているのは明らかである。喪の仕事と鬱の仕事の本質的な類似を確認するのは容易であり、この類似からこの結論を引きだせるからだ。

喪は自我に対象を諦めさせようとして、対象が死んだことを説明し、生命を維持することの利点を自我に示す。それと同じように鬱病のすべてのアンビヴァレンツの闘いは、対象を貶《おとし》め、その価値を低くし、同時に打撃を加えることで、対象へのリビドーの固着を緩めるのである。この無意識におけるプロセスが終わる可能性はあるが、それはみずからの怒りを爆発させた後か、対象を無価値なものとして放棄した後になってからのことである。このどちらかの可能性が実現することで鬱病がいつも（あるいは多くの場合）終結するのか、そしてこの鬱病の終結が、その後の症例の推移にどのように影響するのかは、まだ十分な知識がえられていない。その際に自我は、みずからをより善きもの、対象よりも優れたものとみなして満足を味わうのかもしれない。

＊5　このリビドーの経済的な観点は、これまでの精神分析の研究ではほとんど考慮にいれられていない。例外となるのは、V・タウスクの論文「補償による抑圧動機の無力化」（『国際精神分析医学雑誌』第一巻、一九一三年）である。

◆残された問題

鬱の仕事をさしあたってはこのように説明することはできるとしても、わたしたちがはじめに説明しようと試みた一つの問題はまだ解決されていない。わたしたちは、鬱病が終わった後に躁病が発生するためのリビドー配分の条件を、この二つの疾患を支配するアンビヴァレンツから導こうとしたのだった。他のさまざまな領域とのアナロジーによって、この試みは正しいと考えられる。しかしわたしたちがなお考慮にいれる必要のある一つの事実がある。

鬱病には三つの条件があった。対象の喪失、アンビヴァレンツ、そして自我へのリビドーの退行である。そして最初の二つの条件は、対象が亡くなった後の強迫的な自責の念のうちにみいだすことができる。この場合にもアンビヴァレンツが葛藤の原動力となるのは疑問の余地がないし、これまでの観察から、こうした葛藤の後には、躁病の場合のような凱歌の状態はなにも残されない。だから鬱病の後に躁病が発生するために効果を発揮する唯一の要因は、第三の条件、すなわち自我へのリビドーの退行にあると考えることができるのである。

鬱の仕事が終わると、当初は拘束されていたリビドー備給の累積が解放され、これが躁病を生むのであり、これはリビドーがナルシシズムへと退行することと結びついているに違いない。鬱病は対象をめぐる闘いの代わりに、自我における葛藤を作りだすのである。これは開いて痛みつづける傷口と同じように、異例なほどの強い逆備給を要求するのである。

しかしここで考察をやめ、躁病についての解明は、まず身体的な苦痛のリビドー配分の性格について、そしてこれに類似した心的な苦痛のリビドー配分の性格について新たな洞察がえられる日まで、延期するのが望ましいことだろう。心的な問題は錯綜したものであり、別の分野での研究成果を利用できるようになるまでは、どのような研究も未完成のままで中断せねばならないことは、周知のことなのである。*6

*6 躁病の問題についての考察の続きは、「集団心理学と自我分析」を参照されたい。(10)

訳注

(1) リビドー(Libido)は、性欲動が表現される場合に、その背後にあると想定されるエネルギーである。もとはラテン語で欲望を意味する語であり、フロイトはつねに量的なものとして考えていた。以下でリビドー体制またはリビドーの配分と訳したのは、「リビドー」経済という語であり、「リビドーのエコノミー」と訳されることもある。リビドーはその全体量が特定の対象に振り向けられるのではなく、配分されるものである。外部の対象に割り当てられた（精神分析の世界ではこれを「備給」と呼ぶ）リビドーは、その外部の対象から拒否された場合には自己にもどってナルシシズムとなる。後期のフロイトはリビドーは最初は自己に備給されていて、外部の対象にリビドーを向けるようになっても、その一部は自己に残されると考える。またリビドーは成長の過程にともなって質と備給の対象を変えていくとされている。口唇期、肛門期、男根期、性器期と、リビドーは発達していくのである。

（2）現実の吟味とは、主体が外界に知覚したものと、たんに想像したにすぎないものを吟味・点検して、現実と幻想を混同しないようにする作業である。病にならないための「自我の重要な機構」の一つとされる。

（3）備給（Besetzung）とは、ある心的なエネルギーが、表象、表象群、身体の一部、対象などに結びつけられることを意味する。たとえば喪の状態では、失われた対象に過度の心的エネルギーを備給するようになるため、主体は空虚な状態になることが多いのである。

（4）審級（Instanz）という概念は、フロイトが心的な装置のレベルを示すために好んで使った概念である。もとのドイツ語では、裁判所の管轄権を示すために使われることが多い。刑事裁判では、地方裁判所が第一審であり、その上に高等裁判所、最高裁判所が上級の審級として控えている。これに対して心的な装置に使われる場合には、意識の下部構造を指すために審級の概念が使われる。夢の解釈では、検閲する審級が考察され、道徳の問題では超自我という審級がとくに重視される。

（5）オットー・ランク（一八八四～一九三九）はオーストリアの精神分析学者。フロイトに見込まれて、国際精神分析協会の運営をゆだねられた。出生の際のトラウマの理論を展開し、協会の他のメンバーから批判されるが、フロイトはこの理論を重視したこともあった。邦訳には『英雄誕生の神話』（野田倬訳、人文書院）、『文学作品と伝説における近親相姦モチーフ』（前野光弘訳、中央大学出版部）、『分身――ドッペルゲンガー』（有内嘉宏訳、人文書院）などがある。

（6）フロイトは「ナルシシズム入門」（一九一四年）で、ナルシシズム型の対象選択と同一化の弁証法的な関係を詳しく考察している。とくに第二節以下を参照されたい（フロイト『エロス論集』中山元訳、筑摩書房、二四五〜二七三ページ）。

（7）口唇期というのは、フロイトが提案した幼児の発展段階の一つ。フロイトはリビドーが身体のさまざまな器官を軸として成長していくと想定した。最初は、母親の乳房をくわえることに使う口と唇が中心となる口唇期の体制である。次は、排泄に快感を感じ、大便のしつけが加えられる肛門期の体制である。その後に、ペニスが興奮の中心となる男根期が訪れる。最後に女性の性器の存在が認識されて、エディプス・コンプレックスが克服された後に、性器体制が訪れるとされている。

（8）フロイトは神経症を、身体的な素因によって発生する現実神経症と、心的な葛藤の表現である精神神経症に分類した。そして精神神経症を大きく二つの類型で考えた。ナルシシズム的な神経症と転移神経症である。ナルシシズム的神経症は、リビドーが自我に撤収される形の神経症であり、鬱病（メランコリー）をその代表とする。転移神経症は、リビドーが対象から自我に撤収されるのではなく、現実の対象や想像上の対象に向けられている。不安ヒステリー、転換ヒステリー、強迫神経症などが代表的な疾患である。

(9) 逆備給(Gegenbesetzung)とは、自我が不快な表象から備給を撤収し、この自由になったエネルギーを使って、自我を防衛しようとするプロセスである。動物恐怖症の患者は、無意識的な表象の派生物としての動物に逆備給して自我を防衛することがあり、これは代理形成となる。また無意識の表象の対立物に逆備給する場合には、反動形成となる。

(10) フィッシャー版ではこの注が一九二五年版から追加されたものであることを指摘している。

心的な人格の解明

（『精神分析入門・続』第三一講、一九三三年）

◆〈内なる異国〉

みなさん、みなさんはそれぞれの専門の分野において、人間についても事物についても、最初の出発点がいかに重要であるかは、よくご存じのことと思います。精神分析についても同じことがあてはまります。精神分析の発展のプロセスにおいても、精神分析がこのように世間でうけいれられるようになるためにも、作業の出発点になったのが症状だったということは、大きな意味をもつことでした。症状とは、心のうちにありながらも、自我にとってはもっとも疎遠なものなのです。

症状は抑圧されたものから生まれます。同時に症状は自我にとっては、抑圧されたものの代理として登場するのです。そして抑圧されたものは自我には異国のようなもの、〈内なる異国〉のようなものです。それは現実というものが、自我にとって〈外なる異国〉であるのと同じことです（奇妙な表現をお許しください）。

精神分析は症状を分析することで無意識と、欲動の生と、性的な現象の解明を進めてきたのです。そのために精神分析にたいして、もっともな抗議が提起されるようにもなりました——人間はたんに性的な存在であるだけではない、もっと高貴で高尚な心の動きもあるというわけです。これにはさらに次のような抗議をつけ加えることもできるでしょう。人間はこうした高尚な心の動きを認識しながら、それに力づけられて、無意味なことを考えたり、事実を無視したりする権利を獲得することも多いのだと。

ご存じのように精神分析の世界では最初から、心の病が発生するのは、欲動の生がもたらす要求にたいして、心のうちで抵抗が発生し、そのために葛藤が生まれるためだと考えてきました。精神分析においては、この抵抗し、拒絶し、抑圧する審級の存在を一瞬たりとも忘れることはありません。この審級には、自我欲動という特別な力がそなわっていると考えてきたのです。通常の心理学で〈自我〉と呼ばれるものは、この審級のことなのです。わたしたちは精神分析の世界においても、科学的な作業を苦労しながら進めていますが、すべての分野を同時に研究したり、すべての問題を一挙にとりあげたりすることはできません。

それでもやっとのことで、〈抑圧されたもの〉ではなく、〈抑圧するもの〉に注目することができるようになってきたのです。そしていかにも自明のものと思われている〈自我〉についても、予想外のことが発見できるのではないかという確信を抱くことができたのです。しかしそのための最初の入り口をみいだすのは、困難なことでした。本日お話ししたいと思うのは、まさにこの問題についてなのです。

◆精神疾患の意味

ただし、これからお話しする自我心理学についての説明は、これまでの心的な地下世界への導入とは、異なる印象を与えるのではないかと考えざるをえません。なぜそうなのかは、はっきりとは言えません。最初は、これまでお話ししてきた事柄は、それがどれほど奇妙で耳慣れないことであっても、ともかく事実についての説明であったのにたいして、これからお話しする事柄は、主として解釈や思弁であるということによって、その理由を説明できるのではないかと考えたものです。しかしそういうわけにはゆかないのです。よく考えてみると、精神分析の自我心理学において、事実に基づいた内容を思考のうちで処理する範囲は、神経症の心理学の場合とそれほど違いはないことを指摘せざるをえないのです。

そしてわたしが考えていた別の根拠も、放棄せざるをえませんでした。わたしの説明がこれまでと異なる印象を与えるとすれば、それはこの素材そのものの性格であり、こうした素材をわたしたちがとり扱うのに慣れていないからだと思わざるをえません。ですからみなさんがわたしの説明にたいして、これまでよりも慎重で、留保的な姿勢を示されたとしても、意外なことではないのです。

それでも、研究を始めるにあたってわたしたちが置かれていた状況をご説明することは、これからの道を示すために役立つはずです。わたしたちが研究の対象にしようとしているのは〈自我〉、すなわちわたしたちにもっとも固有な〈自我〉です。しかし、そもそも〈自我〉を研究するなどということができるものなのでしょうか。自我とは何よりもほんらいの意味での〈主体〉であり、〈客体〉として研究できないものではないでしょうか。ところが自我を客体として研究することができるのは、疑問の余地のないことなのです。自我はみずからを客体とすることができます。自我はみずからを他なる客体であるかのようにとり扱い、みずからを観察し、批判することができますし、そのほかにもさまざまな形で処理することができるのです。

その場合には自我の一部が、自我の残りの部分と対立することになります。ですから自我は分割することができるものなのです。自我はさまざまな機能を発揮する際に、少なくとも一時的には分裂するのです。この分裂した部分は、のちにふたたび統一することができます。これはとくに新しい発見などではなく、一般的に知られていることをとくに強調したにすぎないのです。

ところで病理学においては、拡大したり簡略化したりするという方法で、正常なものとみなされているときには気づかないような状況に、注意を引くことができることはよく知られています。病理学は切断部や亀裂をわたしたちに示してくれますが、こうした部分にもふつうはある分節構造が存在しているものなのです。

結晶を例にとって説明しましょう。結晶を地面に投げつけると壊れますね。でも任意の形で壊れるのではなく、ある分裂方向にしたがって、さまざまな部分に割れるのです。結晶が割れる方向は、結晶の目にみえない構造によってあらかじめ決まっているのです。精神疾患の患者たちは、いわばこうして裂けて割れた「人間の」構造体なのです。

古代の民族は気の狂った人々にたいしてある種の畏怖の念を抱いていましたが、わたしたちもこうした畏怖の念を抱かざるをえないのです。精神疾患の患者たちは、外的な現実には背を向けています。しかしそれだけに、内的で心的な現実については多くのことを知っていて、わたしたちがふつうでは把握できないようなことも教えてくれるのです。

患者たちのうちには、注察妄想に悩まされている人々がいます。みずからのごく内密なふるまいにいたるまで、未知の力によって（おそらく他者によって）、絶え間なく煩わされていると訴えるのです。そして観察している人物が、その観察した結果を告げ知らせる幻聴が聞こえるというのです。〈この男はいまこう言おうとしている、外出するために着替えしている〉などと告げる声が聞こえるというのです。

この〈観察〉の妄想はまだ〈追跡〉の妄想にはなっていませんが、それほどかけ離れたものでもありません。この症状は、患者が疑われていて、犯せば罰せられるような禁じられた行為をする現場を押さえようと、待ち構えられていることを想定しているのです。ところでこの精神疾患に悩まされている患者の主張が正しかったとしたらどうなるか、考えてみてください。わたしたちの自我のうちには、わたしたちを観察し、処罰しようと脅かしている審級が存在しているとしたら、どうでしょうか。精神疾患の患者の場合にはその審級が自我と明確に区別されて、誤って外部の現実に押しつけられているにすぎないのではないでしょうか。

◆監視する審級

みなさんがどう感じられたかは分かりませんが、わたしはこの病像から強い印象をうけました。そして監視する審級が自我のその他の部分と分離するのは、自我の構造につねに存在する特徴なのではないかと考え始めたのです。そしてこの考えから離れることができなくなり、このようにして自我と分離された審級の詳しい性格と、自我との関係を研究するようになりました。

そしてすぐに次の一歩を踏みだすことになりました。観察されるのは、裁かれ、罰せられるための準備にすぎないことを、注察妄想の内容そのものが示しています。だとすると、わたしたちが良心と呼んでいるのは、この審級の別の機能だと考えざるをえなくなります。というのは、わたしたちの心のうちにあって、たえず自我から分離し、自我とすぐに対立させることのできるものは、良心のほかにはないからです。

わたしは、自分に快楽を与えてくれる行為をしたいという気持ちに傾くのですが、良心が許さないという理由で、その行為をしないのです。あるいは非常に大きな快楽をえられると期待して何かを行ったのですが、良心の声がそれにたいして異議を申し立て、この行為をした後で、痛烈に非難し、わたしを罰します。その行為をしたことを後悔させるのです。

ですから自我と区別し始めたこの審級を良心と呼べばよいようなものですが、この審級を独立したものとみなして、良心がこの審級の機能の一つであると考えるほうが慎重でしょう。そしてこの審級には、良心が裁くための前提として不可欠な自己観察という別の機能もそなわっていると考えるのです。あるものを独立した存在として承認するときには、それに固有な名前をつけるべきでしょうから、自我の内部のこの審級を以下では「超自我」と呼びたいと思います。

◆鬱病

あるいはみなさんは、自我心理学というものは、よくみられる抽象作用を忠実に実行して、概念を事物で置き換えて簡略化しているだけではないのか、それでは大した成果はえられないのではないかと、嘲笑するようにお尋ねになるかもしれません。この疑問にたいしては、自我心理学においては周知の事柄をとりあげないのは困難であること、何かを新しく発見するというよりも、既存のものを新たに解釈し、整理することを試みるのだと反論したいと思います。ですから、こうした軽蔑的な批判はそのままにしておいて、しばらくわたしの説明に耳を傾けていただきたいと思います。

病理学が教えてくれるいくつかの事実は、通俗的な心理学ではえられないような背景をわたしたちの研究に与えてくれます。それについてご説明しましょう。自我からある程度は独立していて、みずからの意図を追求し、自我とは別のエネルギーを所有している超自我という考え方に馴染んでくると、一つの病像がすぐに思いつきます。この病像は、この超自我という審級の厳しさ、そして残酷さと、自我との関係の変遷を、まざまざと示してくれるのです。それは鬱病《メランコリー》、正確には、鬱病の発作です。この疾患については、精神科医でない方々も、聞いておられることと思います。

この疾患の苦悩とその原因や機構についてはほとんど知られていないのですが、その最大の特徴は、超自我が（良心がと、そっと言い直してくださっても結構です）自我を扱う手荒さにあります。鬱病の患者も健康なときには、自己にたいしてとくにほかの人よりも手厳しいわけではありません。しかし鬱病の発作が起こると、超自我がきわめて厳しい姿勢を示すようになり、哀れな自我を叱りつけ、卑しめ、虐待します。

自我にきわめて重い刑罰を覚悟させ、かつては見逃されていた遠い昔の行為について激しく咎めるのです。発作が起こるまでのあいだは、あたかも超自我は告発材料を集めていて、自分の力が強くなって、登場する瞬間を待っていたかのようです。そして登場した超自我はこうした告発材料に基づいて、自我に有罪判決を下すかのようです。

超自我は、無援なままに降伏した自我にたいして、きわめて厳しい道徳的な基準を適用します。超自我は道徳の要求そのものを代表しているのです。そしてわたしたちの道徳的な罪責感は、自我と超自我のあいだの緊張の表現であることは、すぐに分かります。道徳性は神から与えられたものであり、心のごく深いところに植えこまれていると言われています。そのためこの道徳性を、［発作から発作までの］ある種の〈周期的な〉現象として考察するのは、きわめて奇妙な感じがします。道徳性が〈周期的な〉現象だというのは、数か月すると道徳という〈幽霊〉はすっかり消え失せてしまい、超自我は批判の口を閉ざし、自我は復権して、次の〈発作〉が起こるまでは、ふたたび人間としてのすべての権利を享受するようになるからです。

この鬱病の患者では、［発作が治まってから次の発作が発生するまでの］中間期には、鬱と反対の兆候がみられることも珍しくありません。この期間には自我が幸福な陶酔状態にひたり、凱歌をあげるのであり、あたかも超自我がすべての力を喪失したか、自我と統合されたかのようです。そして解放されて自由になった躁病的な自我は妨げられることなく、そのすべての欲望を充足するのです。このプロセスは、まだ解かれていない謎で満ちているのです。

◆良心の発生

さきほど超自我の形成について、すなわち良心の発生について、多くのことを学んできたと申し上げましたので、きっとたんなる説明では満足されないと思います。カントは、わたしたちのうちにある良心を、「星繁き天空」とともに称えたことはよく知られています。(1) ですから信仰心の篤い方なら、この二つのもの［星辰と良心］を、万物を創造した神の偉大な作品として崇めたくなることでしょう。たしかに星辰は崇高なものですが、良心については、神は星辰の場合とは比較にならないほど手際の悪い仕事をしたと言わざるをえません。というのも、大多数の人々は、良心をあまりもち合わせていないか、語る価値のないほどごくわずかしかもち合わせていないからです。

わたしたちは、良心は神の賜物であるという主張に、ある心理学的な真理が含まれていることを否定するものではありませんが、この主張には解釈が必要なのです。良心が「わたしたちの心のうちにある」としても、それは最初からそうだったのではありません。これが性的な生との違いです。性的な生は人間にとって生の最初から存在しているものであり、後からつけ加えられたようなものではないのです。

ところが幼児は周知のように道徳というものを知りません。欲望によってかき立てられた衝動を満たすことを内的に阻むものは、存在していないのです。成長してからこれを阻止する役割を果たすのが超自我なのですが、幼児の頃にはこの役割は外的な力によって、すなわち両親の権威によって果たされているのです。両親は、愛情の徴《しるし》を与えつづけることを約束しながらも、罰を与えるぞと威嚇することで、幼児を支配する影響力を行使するのです。幼児にとっては罰をうけることは、両親の愛情を失うことを意味しますし、罰そのものが恐ろしいものであるに違いありません。この〈現実不安〉が、のちに良心の不安となるのです。この〈現実不安〉が支配しているあいだは、超自我も良心も不要なのです。

その後の成長の段階において、外的な抑止が内面化され、両親の審級の代わりに超自我の審級が発生し、この超自我がかつての両親のように、自我を監視し、操縦し、威嚇するのです。この状況をわたしたちは〈正常〉なものとみなしたがりますが、じつはこれは二次的に形成された局面なのです。

◆二つの審級

このようにして、両親の審級がもっていた力と仕事と、その方法までをひきついだ超自我は、両親の審級の権利を継承するものであるだけではなく、真の意味での正統な嫡子でもあります。超自我はこれから説明する過程において、両親という審級から直接に生まれたものなのです。ただここで、この二つの審級の大きな違いを指摘しておく必要があります。超自我は、両親の審級の厳しさと厳格さだけを、禁止し、処罰する機能だけを、一方的にうけついだようにみえるのです。両親のもっていた愛情深い配慮という機能はひきうけず、うけついでいないようなのです。

両親が幼児を実際に厳格に躾《しつ》けていたのであれば、幼児のうちに厳格な超自我が形成されても不思議ではないかもしれません。しかしこれまでの経験から、予想に反して、両親が穏やかに優しく幼児を養育し、できるだけ威嚇や処罰を避けたとしても、幼児の超自我は、仮借のない厳格さという同じ性格を示すようになることが明らかになっています。この矛盾については、超自我の形成における欲動の転換について考察する際に、ふたたび考察することにしましょう。

◆同一化と対象選択

さて幼児と両親との関係が、自我と超自我の関係に転換する過程については、詳しくお話ししたいところですが、残念ながら多くを語ることはできないのです。その理由の一つは、この過程がとても複雑なものであり、このような入門の講座でとり扱うには適していないことにありますが、わたしたちがまだこの過程を完全に理解したとは考えていないこともその理由の一つです。ですから次のような暗示的な説明で、がまんしていただきたいと思います。

この過程の背景となるのはいわゆる同一化のプロセスです。これはある自我が別の自我と同じようなものとなろうとすることであり、このプロセスにおいてはその自我は、ある特定の側面においては別の自我のようにふるまい、模倣して、ある程度は別の自我をみずからのうちにとりいれるのです。同一化は、他人を口から食べて身体のうちにとりいれる食人《カニバリズム》に譬《たと》えられることもありますが、これはそれほど的はずれな比喩ではないのです。

同一化は他者との結びつきの非常に重要な形式の一つであり、おそらくもっとも原始的な形式と言えるでしょう。それが対象選択などと異なるところです。同一化と対象選択の違いは次のように説明できるでしょう。少年が父親と同一化する場合には、父親のようになろうとするのですが、父親を対象として選択する場合には、少年は父親を「愛の対象として」もとう、すなわち所有しようとするのです。同一化の場合には、幼児は父親を手本として、みずからの自我を変えるのですが、対象選択の場合には、自我は変わる必要はありません。そして同一化と対象選択は、たがいにきわめて独立して行われます。ただし対象選択した相手に、同一化することはできます。たとえば性的な対象として選択した人物にあわせて、みずからの自我を変えるのです。自我が性的な対象として選んだ人物によって影響される現象は、女性で多くみられるのであり、女性的な性格に特徴的なものであると主張されることもあります。

同一化と対象選択のあいだにもっと学ぶところの多い関係があることは、すでにご説明したことがあります（2）。この関係は子供にも、正常な人か病的な人かを問わず、成人においても頻繁に観察することができるものです。対象を喪失した場合、または対象を放棄しなければならない場合には、その対象と同一化して、みずからの自我のうちに対象をふたたび作りあげることで、その損害を償うことができることが多いのです。この場合には、対象選択がいわば同一化まで退行したということになります。

◆エディプス・コンプレックスの運命

同一化についてのこうした説明は、とうてい満足なものとは言えませんが、両親の審級との同一化に成功すると、超自我が形成されると説明できることを納得していただければよいとしましょう。次に、この説明にとってきわめて決定的な意味をもつ事実について指摘しておきたいと思います。自我のうちに、自我よりも上位の審級が形成され、新たに超自我が創造されるプロセスは、エディプス・コンプレックスの運命と非常に密接な結びつきがあるということです。エディプス・コンプレックスという感情的な〈拘束〉は、幼児にとってきわめて重要な意味をもつものであり、超自我はこのコンプレックスの後継者として登場してくるのです。

エディプス・コンプレックスを放棄するとともに、幼児はそれまでの両親を対象としていた集中的なリビドーの備給を諦めねばならなくなります。この対象の喪失を補償するために、自我のうちでおそらく以前から存在していた両親との同一化が著しく強められるのだと考えられています。幼児はその後の生涯において、対象へのリビドーの備給を放棄したことを償うために同一化を行うというプロセスを何度も反復するようになります。しかし幼児が経験したこの最初の同一化は、感情的にきわめて重要な意味をもっているので、最初の同一化の結果が自我において特別な地位を占めるようになります。

研究を深めていくことで明らかになったのですが、エディプス・コンプレックスが完全な形で克服されなかった場合には、超自我の形成に歪みが発生し、その力も弱くなるのです。超自我が形成される際には、両親と同じ位置を占めるさまざまな人物の影響をうけます。養育者とか、教師とか、理想的な手本とした人物などです。通常は超自我は両親の個的な特徴を次第に失って、いわば非個性的なものになります。

子供は生涯のさまざまな段階で、両親にたいする評価を変えるものだということも、忘れてはなりません。エディプス・コンプレックスに代わって超自我が登場する頃には、両親はまだ素晴らしい人物にみえているのですが、次第に両親のイメージはみすぼらしいものになってゆきます。後の段階のみすぼらしい両親との同一化が行われると、性格形成に大きな影響が発生するのが通例です。しかしその場合に影響をうけるのは自我だけです。ごく初期の両親のイメージによって形成された超自我は、その影響をうけないのです。

◆劣等コンプレックス

超自我の形成は、自我の構造的な関係の変動であり、良心の形成のように抽象的なものを人格化するものではないことは、ご理解いただけたと思います。次に、超自我が果たしている重要な機能について、ご説明したいと思います。超自我は自我理想の担い手でもあるのです。自我は自我理想を模範として、それとの距離を計り、模倣します。そしてますます完全なものとなることを促す自我理想の要求を満たそうと努力するものなのです。

この自我理想は、かつての両親のイメージの名残であり、両親を完全な存在だと思い描いていたかつての驚嘆の念が表現されたものであることは、疑問の余地がありません。とくに神経症の患者では、劣等感が強く現れることは、よく知られていることだと思います。いわゆる文芸作品には、この劣等感がよく姿をみせます。劣等コンプレックスという言葉を好んで使っている作家は、これによって精神分析のすべての要求を満たすことができるし、自分の表現を高度の心理学的な水準にまで高めたのだと思い込んでいます。(3)

しかし精神分析の世界では、劣等コンプレックスという新語はほとんど使われません。これは単純なものではありませんし、基本的なものでもないのです。いわゆる個人心理学派の人々は、人はある器官の発育不全を自覚すると、劣等コンプレックスを抱くようになると主張していますが、これは近視眼的な誤謬《ごびゅう》のように思われます。むしろ劣等感は、性愛的なものによって生まれることが多いのです。自分が愛されていないと感じる子供は劣等感を抱きますし、大人でも同じです。人間の器官のうちで、劣等感を感じることのある器官があるとすれば、それは成長しなかったペニスとみなされることのある少女のクリトリスだけです。

劣等感の主要な源泉は、自我と超自我の関係にあります。罪責感と同じように、自我と超自我のあいだの緊張から生まれるのです。劣等感と罪責感は、そもそも分離することのできないものなのです。劣等感は、道徳的に劣っているという感情を性愛的な形で補おうとするものだと言えるでしょう。ただし精神分析の世界では、この概念を明確に定義することに、あまり注意を払ってこなかったのです。

劣等コンプレックスという概念がこれほど流行しているので、ここで脱線して、ちょっとした逸話をお聞かせしましょう。現代のある歴史的な人物の話です。まだ存命ではありますが、第一線からは退いている人物のことです(4)。この人物は出産のときの出来事で、片足がわずかながら発育不全になってしまいました。偉人の伝記を得意とする現代のごく有名な作家が、この人物の伝記を書きました。伝記を著す際には、その人物について心理学的に掘り下げたいという欲望を抑えるのは困難なものです。そこでこの作家も、その偉大な人物の性格の発達をすべて、身体的な欠陥によって生まれたはずの劣等感で説明しようとしたのです。ただしその際にこの伝記作者は、ある小さな、それでいて重要な事実を見逃していたのでした。

生まれた子供が病気だったり、そのほかに身体的な障害があったりした場合には、母親はこの不公平な欠陥を償おうとして、過度の愛情を注ぐものです。しかしこの人物の気位の高い母親は、もっと違う態度をとりました。身体の障害のために、子供を愛さなかったのです。この子供は成長して大きな権力を握る人物になると、「自分を愛さなかった」母親を決して許していないことを、さまざまなふるまいによって、はっきりと示したのです。母親の愛情が子供の心的な生にどれほど重要な意味をもっているかを考えてみれば、伝記作者の劣等コンプレックスの理論の間違いをご理解いただけると思います。

◆超自我の「イデオロギー」

さて本題の超自我の話に戻りましょう。これまで超自我には、三つの役割が与えられてきました——自己観察、良心、理想という機能です。超自我の形成についての説明から明らかになったことは、「この審級が形成されるためには」生物学的にきわめて重要で、運命的な意味をもつ心理学的な事実が前提となるということです。すなわち子供は長いあいだ両親に依存し、エディプス・コンプレックスを形成するという事実であり、この二つはたがいに密接に結びついているのです。

超自我はわたしたちにとってはあらゆる道徳的な制約を代表するものであり、完全さを目指す営みを擁護するものです。いわゆる人間性の高さの由来を、わたしたちが心理学的に説明することができるようになった概念なのです。超自我は、両親や教育者のような人々の影響によって生まれたものですので、こうした発生源にまでさかのぼれば、その意味をよく理解できるようになります。

両親やそれに相当する権威をもつ人は、子供を教育するにあたっては原則として、みずからの超自我の命令にしたがいます。こうした人の自我と超自我の関係がどのようなものであるかは別として、子供の教育にあたっては厳しくふるまい、多くのことを要求します。自分の子供時代に苦労したことはすっかり忘れて、子供の頃に厳しい制限を課した自分の両親に同一化できることで満足してしまうのです。

ですから子供の超自我はそもそも、両親を手本とするのではなく、両親の超自我を手本として形成されることになります。こうして［両親から子供へと］超自我は同じ内容で満たされるようになり、伝統の担い手になるのです。世代から世代へとうけつがれ、時代を超越したすべての価値の担い手になるわけです。この超自我というものを考察することが、青年の不品行など、人間の社会的な態度を理解する上でとても役立つこと、そして教育のための実用的なヒントがえられることは、お分かりいただけるものと思います。

いわゆる唯物史観は、この要因を過小評価するという過ちを犯していると思います。

この理論によると、人間の「イデオロギー」は、現実の経済的な状況の結果であり、その上部構造であると考えて、この要因を軽視するのです。たしかにこれは正しい主張ではあるのですが、すべての面で正しいとは言えないはずです。人間は現在だけで生きるものではありません。超自我のイデオロギーのうちには、人間の過去が、人種と民族の伝統が息づいているのです。この伝統は、現代の時代的な影響や新たな変動には、ごく緩慢にしか反応しません。この伝統が超自我をとおして働きかけるかぎり、人間の生において経済的な状況とは無縁な強い役割を果たしつづけるのです。

◆抵抗の意味

一九二一年にわたしは、集団心理学の研究において、自我と超自我の区別を適用してみようと試みました[5]。そして次の結論に達したのです。心理学的な集団とは、個人の集まりであるが、これらの個人はある同一の人物をみずからの超自我のうちに導入し、その共通性に基づいて同一化した人々なのです。もちろんこの結論は、一人の指導者のいる集団だけにあてはまるものです。こうした適用例がもっとあれば、超自我という概念にたいしてわたしたちが抱く不審な感じは完全に消えるでしょう。そして心の深い場所の雰囲気に馴染んだ後で、心的な装置のもっと上の層、その表面にやって来た際に感じる当惑からも、まったく解放されることになるでしょう。もちろん自我と超自我を区別しただけで、自我心理学のすべての問題が解決できると主張するわけではありません。これはむしろ最初の一歩なのであり、困難なのは最初の一歩を踏みだすことだけではないのです。

ところでここで別の課題が、いわば自我の別の末端でわたしたちを待ち構えています。この課題は、分析治療の際の観察によって生まれてきたものですが、この観察そのものは、それほど新しいものではありません。よくあることなのですが、この観察結果を十分に評価する価値があると決めるまでには、長い時間がかかったのです。ご存じかと思いますが、精神分析のすべての理論は、無意識的なものを意識させようとしたときに患者が示す抵抗を認識することから生まれたのです。

もしも患者が何も思いつかなくなったり、思いついたとしてもその内容が、問題となるテーマから離れていったりする場合には、患者の抵抗が客観的な形で示されているのです。あるテーマに近づくと苦痛を感じるために、患者がみずからこうした抵抗を主観的にも認識できることがあります。しかしこうした主観的な兆候がないこともあるのです。そしてわたしたちが患者に、「あなたのふるまいからは、抵抗があることが分かります」と指摘しても、患者は、「わたしは抵抗などしていません、ただ何も思いつかないのです」と答えるだけです。この否定によって、患者に抵抗があることが分かるのです。しかしこの場合には、わたしたちが除去しようとしている抑圧が無意識的なものであったように、患者の抵抗も無意識的なものとなっていたのです。

このような無意識的な抵抗は、患者の心的な生のどのような部分から生まれてくるのかという問いは、もっと前に提起されるべきものでした。精神分析の入門者であれば、すぐにみつかる答えに飛びつくでしょう――無意識的なものが抵抗するのだと。しかしこれは曖昧で、使い道のない答えなのです。抵抗は抑圧されたものから生まれるのだと言うなら、それは絶対に間違っていると指摘しなければなりません。抑圧されたものにはむしろ、意識されたいという強い衝動、意識へと浮上したいという強い浮力のようなものがあることは、否定できないからです。

抵抗は、かつて抑圧を実行し、いまでも抑圧を維持しようとしている自我の意志の表明でしかありえません。わたしたちは以前からそう考えていたのです。そして自我のうちに、制限し、拒否することを要求する一つの審級として超自我をみいだしたのですから、抑圧はこの超自我の仕事だと言うことができます。抑圧するのは超自我か、超自我に従順な自我です。

ところで分析の際に患者が抵抗を意識しないとすれば、そのときには自我と超自我が、非常に重要な状況において無意識的に働くことができることを示しているか、あるいは自我と超自我の両方とも、その一部に無意識的な部分があることを示しているのです（こちらのほうが深い意味をそなえています）。どちらの場合でも、（超）自我と意識されたものが一致せず、抑圧されたものと無意識的なものが一致しないという喜ばしからざる洞察がえられたことになります。

さて、ここで一息いれたいと思いますし、みなさんもそれを歓迎されるでしょう。講義をつづける前に、まずお詫びしておきたいことがあります。わたしは一五年前に始めた『精神分析入門』の講義のつづきをお聞かせしたいと思っています。その際には、みなさんもまたこの一五年間に精神分析の仕事だけをつづけてこられたことを前提にしなければならないのです。これは途方もない想定であることは十分に承知していますが、そうするしかないのです。

というのも、精神分析をみずから実行している人にでなければ、精神分析についての洞察を与えることが困難だからです。わたしたちが秘密結社を作って、秘密の学問をやっているかのような印象を与えるのは避けたいと考えているのは、ご理解いただけると思います。それでも、みずからに分析を実行しなければえられない経験を積んでいる人でなければ、精神分析の問題について語る権利がないことは認めざるをえないのですし、そのことを確信していることを公言せざるをえないのです。一五年前にみなさんに講義をしたときには、精神分析の理論のある種の思弁的な部分については省略しようとしました。しかしこれからお話しする新しい収穫は、まさにこうした思弁的な理論と結びついているのです。

◆〈無意識的なもの〉という概念の定義

本題に戻りましょう。自我と超自我そのものが無意識的なものであるのか、それともたんに無意識的に働きうるのかという問いについては、わたしは自我と超自我そのものが無意識的なものであると判断していますが、それには十分な根拠があるのです。実際に自我と超自我の大部分は無意識なままにとどまることができるのであり、ふだんは意識されないものなのです。ということは、人間はふつうは自我や超自我の内容については知らないのであり、それを意識にもたらすにはかなりの努力が必要だということです。自我と意識されたもの、抑圧されたものと無意識は同じものではないのです。

そこで、意識されたものと無意識なものという問題についての見解を根本的に再検討することが必要になります。その場合には、意識されたものについての基準がきわめて信頼できないものであることが明らかになっただけに、この基準の価値を否定したい気持ちになるのですが、それは行き過ぎというものでしょう。意識されたものという基準は、人生そのもののようなものです。たいした価値はないとしても、わたしたちにはそれしか残されていないのです。意識されたものという特性が松明《たいまつ》のように道を照らしてくれなければ、わたしたちは深層心理学の闇の中で迷子になってしまうでしょう。ですから新しい方向に向かって、道を探す必要があるのです。

意識されているというのはどういうことかについては、考察する必要はありません。そこにはいかなる疑問もないからです。「無意識的な」という語の最善の、そしてもっとも古くからある定義は、〈記述的な〉ものです。〈無意識的な〉と呼ばれる心的なプロセスは、そのプロセスの働きから判断して、存在していると想定せざるをえないのに、わたしたちが何も知ることができないものです。「他人の心は知ることができないものであり」その意味では他人の心的なプロセスと同じような地位にありますが、それが他人ではなく、自分の心のうちにあるという違いがあります。

さらに正確に表現しようとすれば、さきの定義を修正して、次のように表現できるでしょう。わたしたちが〈無意識的な〉と呼ぶのは、その時点では何も知ることができないにもかかわらず、その時点において働いていると想定せざるをえない心的なプロセスです。この限定を加えてみると、そもそも意識的なプロセスというものも、多くはごく短いあいだしか意識されていないことに気づきます。意識されたものはやがて潜在的なものになりますが、すぐにふたたび意識に呼び戻すことができるのです。

こうしたプロセスが潜在的な状態になっているあいだにも、まだ心的なプロセスであることが一般的に確実であるとすれば、それは無意識的なものになったのだと言うことができるでしょう。だからといって何も新しいことを認識できたわけではありませんし、無意識的なものという概念を心理学に導入する権利を獲得したわけでもありません。しかしここで、失錯行為にみられるような新しい経験が加わります。言い間違いという行為を説明するためには、言い間違いをした人の心のうちで、何かを語りたいという意図が生まれていたことを想定する必要があります。発言の際の言い間違いからその意図を確実に見抜くことができます。しかしその意図は実現されなかったのであり、無意識的なものだったのです。

あとで言い間違いをした本人にその意図について指摘すると、そうした意図が自分に馴染みのものであったことを本人が認める場合と、認めない場合があります。本人が認める場合には、その意図はしばらくのあいだ、その人にとって無意識的なものだったにすぎないわけです。本人がそんなことは知らないと否定する場合には、その意図はずっと無意識的なものだったことになります。この経験に基づいてわたしたちは〈潜在的なもの〉と呼ばれているものが、無意識的なものだったのだと宣言する権利を、いわば事後的に獲得するのです。

この力動的な状況を考慮にいれることで、二つの異なる無意識的なものを区別することができるようになります。一つは、頻繁に発生する条件のもとで、容易に意識にもたらすことができるものです。もう一つは、意識にもたらすことが困難であり、懸命に努力しなければ意識することができず、場合によってはどうしても意識することができないものです。無意識的なという語を使う場合に、このどちらの無意識を指しているのか、曖昧になることがあります。そこで〈記述的な〉意味での無意識なのか、〈力動的な〉意味での無意識なのかを明確に区別するために、一般に利用することが認められている単純な方法で、すなわち、名前で区別することにします。潜在的になっているだけで、すぐに意識することのできる無意識的なものは、〈前意識的なもの〉と呼ぶことにして、意識することが困難な無意識的なものだけを、「無意識的なもの」と呼ぶことにしましょう。

こうして三つの術語が確定されました——意識的なもの、前意識的なもの、無意識的なものです。この三つの術語があれば、心的な現象をどうにか記述することができます。ここで確認しておきますと、純粋に〈記述的な〉意味では、前意識的なものも無意識的なものですが、それでもごく概略的に説明する場合とか、心的な生において無意識的なプロセスが存在することを主張する必要がある場合などを除いて、前意識的なものは無意識的なものとは呼ばないのです。

◆心の三つの王国

これまでのところは別に面倒なところはないと思われるでしょうし、こう区別して問題はないと認められるでしょう。たしかにそうなのですが、残念なことに精神分析の世界では、〈無意識的なもの〉という語にもっと別の意味、第三の意味を与えることが必要となったのであり、これがたしかに混乱を引き起こしたかもしれません。というのは、精神分析の世界において、自我についての新たに強い印象がえられたためです。自我はふつうは、心的な生の広い重要な領域を認識できないのですが、この領域で発生するプロセスは、ほんらいの力動的な意味では無意識的なものと呼ばざるをえないのです。そのため「無意識的なもの」という用語に局所論的またはシステム的な意味を与えざるをえなくなったのです。そして前意識的なシステムと無意識的なシステムを区別し、自我と無意識的なシステムとの葛藤を問題にするようになったのです。いわば〈無意識的なもの〉という語に、心的なものという特性だけでなく、心的な領域という意味を与えざるをえなくなったのでした。

また自我と超自我の一部は、力動的な意味では無意識的なものであるという発見も、ほんらいは困った問題をもたらすものではありますが、この点についてはある種の混乱をとり除いてくれるという役割を果たしてくれたのです。わたしたちには、自我に認識されない心的な領域を、無意識的なシステムと呼ぶ権利がないのはたしかです。

無意識的であるのは、この心的な領域だけの特徴ではないからです。

ですからシステム的な意味では、無意識的なものという呼び名を使わないことにしたいのです。そしてシステム的な意味でこれまで無意識的なものと呼ばれていたものに、もっと誤解されにくい別の名前をつけることにしました。G・グロデックの示唆に基づいて、ニーチェの用語を使ってこの領域をエスと呼ぶことにします(6)。

このエスという非人称代名詞は、心的な領域の主要な特性である〈自我との疎遠さ〉を表現するのにとくに適していると思われます。こうして人間の心的な装置は三つの王国、分野、領域に分類されることになります——超自我、自我、エスです。次に、この三つの領域のあいだの関係について考察することにしましょう。

◆エスの特性

その前にちょっとお断りをしておきたいことがあります。わたしたちは意識されたものの三つの特性［意識、前意識、無意識］を区別し、心的な装置の三つの領域［超自我、自我、エス］を区別したのでした。これが明確な対をなしていないことには不満を感じられるでしょうし、わたしたちの理論的な考察の結果に欠陥があると感じられるかもしれません。しかしこれは残念に思うべきことではありませんし、そのような分かりやすい配置を期待すべき権利はないと思うのです。そのために比喩でお話ししましょう。比喩はたしかに何も解決してくれませんが、馴染みの事柄で考えられるという利点があるからです。

ある土地を思いうかべてください。変化に富む地形の土地で、丘陵地があり、平野があり、湖沼が連なり、住民も多様だとします。この土地には、ドイツ人、マジャール人［ハンガリーに住むフィン＝ウゴル語系の民族］、スロヴァキア人が居住しているとします。携わる職業もさまざまです。さてドイツ人は丘陵地に暮らしていて、牧畜業を営んでいるとしましょう。マジャール人は平地で穀物とブドウを栽培しています。湖沼地帯にはスロヴァキア人が生活していて、漁撈《ぎょろう》と葦《あし》の編み物で生計を立てているとしましょう。

この配置がなめらかではっきりしたものであれば、「民族自決論者のアメリカ合衆国の」ウィルソン大統領は気にいったことでしょう。地理の講義にも最適でしょう。しかし実際にその土地を旅行してごらんになれば、それほど秩序立っておらず、人々が混じり合って暮らしていることに気づかれるはずです。ドイツ人とマジャール人とスロヴァキア人はどこでも混じり合って暮らしていますし、丘陵地帯でも畑が耕されていることでしょうし、平原地帯でも家畜が飼育されていることでしょう。もちろん自然の定めというものがあることは、ご存じのとおりで、山地で魚を釣ることはできませんし、水中ではブドウの木は育ちません。この地方の状況は、概略としては期待どおりでしょうが、個々の事例では、予期していなかったことに出会うかもしれないのです。

さてエスについてですが、新しい名前を別にすると、あまりお話しする内容がないことはご理解いただきたいと思います。エスはわたしたちの人格の暗く、近寄りがたいところなのです。エスについては、夢の分析と神経症の症状の形成の研究によって、わずかなことが知られているだけです。しかも多くはエスの否定的な性格について知られているにすぎず、自我との対比でしか説明できないのです。比喩で語るとすれば、エスはカオスであり、沸騰する興奮で満ちたボイラーのようなものです。エスはその末端において、身体的なものに開かれており、そこから欲動の要求を内部にとりこみ、その欲動の要求はエスのうちで心的なものとして表現されるのだと思われます。しかしそれがどのような基質のうちで行われるのかは、分からないのです。

欲動のためにエスはエネルギーで満ちていますが、組織というものがなく、全体的な意志のようなものもありません。快感原則をひたすら守りながら、欲動の欲求を充足しようと努力しているのです。エスにおいて発生するプロセスには、論理的な思考の法則は適用できません。とくに矛盾律は適用できないのです。対立する動きが併存していて、こうした動きはたがいに打ち消しあうことも、離反することもなく、せいぜい支配的なエネルギー論的な強制のもとで、妥協形成の形でエネルギーを放出させることを目指すだけなのです(7)。

エスの中には、否定のような役割を果たすものが存在しません。驚くべきことに人間の心的な行為には、時間と空間という形式が必要であるという哲学の命題は、エスにはあてはまらないのです。エスには時間の観念に相当するものが存在しません。エスの内部では時の経過を認めることができないのです。さらに時間の経過による心的なプロセスの変動というものもみられないのであり、これは哲学的な思考において考察すべき、きわめて驚くべき特徴です。

エスから外にでることのなかった願望の動きも、抑圧されてエスの内部に沈められていたさまざまな外界の印象も、あたかも不死であるかのように、数十年が経過した後も、まるで生まれたばかりのような状態を保っているのです。こうしたものが過去のものとして認識され、設定されて、このエネルギー備給をとりさることができるのは、精神分析によって意識化した場合に限ります。精神分析で治療的な効果を発揮することができるのは、この作業によるところが多いのです。

抑圧されたものが時間の経過によっても変わることがないのは疑問の余地のない事実なのですが、これを精神分析の理論にうまく生かすことができていないと、つねづね考えてきました。そこから深い洞察が導けると思うのですが、残念ながらわたしも考察を進めることができなかったのです。

言うまでもないことですが、エスは価値判断を知らず、善も悪も知らず、道徳というものも知りません。エスのすべてのプロセスを支配しているのは、エネルギー論的な要因と（あるいは定量的な要因とも呼べるでしょう）、快感原則の緊密な結びつきなのです。エスの内部にあるものはいわば、放出されることを待ち望んでいる欲動の備給だけなのです。

さらにこの欲動の動きのエネルギーは、他の心的な領域に存在するのとは異なる状態にあり、移動しやすく、放出されやすい状態にあると思われます。それでなければエスの大きな特徴である置き換えと圧縮が行われるのは困難でしょう。[8]置き換えと圧縮は、エネルギーの備給をうけているもの（これは自我の中にあれば、観念と呼べるものです）の性質を完全に無視して行われるのです。これらの事柄について理解を深めることができれば、どれほどありがたいことでしょうか。

いずれにしても精神分析では、エスについてはそれが無意識的なものであることのほかにいかなる特性も示せない状態であることは、ご理解いただけると思います。そして自我や超自我は、その一部が無意識的なものではあっても、エスのような原始的で非合理的な特徴はそなえていないと考えられることも、お分かりいただけると思います。

◆自我の能力

エスや超自我と異なる自我のほんらいの特性を説明するための最善の方法は、心的な装置のもっとも上の層との関係に注目することでしょう。この層は、知覚-意識システムと呼ばれています。このシステムは外界に向かっていて、外界からうけた知覚を伝達するのです。このシステムが機能すると、そこに意識という現象が発生するのです。これは心的装置の全体の知覚器官であり、外部から与えられる刺激だけではなく、心の生の内部から訪れる刺激も感受します。

これは分かりやすいことだと思うのですが、自我はエスの一部だったのです。そして外界に近いために、外界の刺激をうけて修正された部分であり、刺激を受容し、刺激から防御するための装置となったものです。譬えてみれば、樹木の生きている基質の塊を包んでいる樹皮のようなものなのです。自我にとっては外界との関係が決定的な意味をもつようになり、エスを保護するために、エスにおいて外界との関係を代表するという役割をひきうけたのです。というのも、圧倒的な力をもつ外界を無視して、エスが欲動の満足をひたすら追求した場合には、エスは破滅を免れることはできないはずだからです。

自我はこの機能を果たすために外界を観察し、外界の忠実なイメージを知覚の記憶痕跡のうちに残しておく必要があります。そして現実吟味の活動によって、この外界のイメージに内部の興奮の源泉からつけ加えられたものをとり除くのです。自我はエスの委託のもとで、運動性への通路を確保していますが、欲求と行動のあいだに、思考活動という〈猶予期間〉を挟ませています。この猶予期間に自我は、以前の経験の記憶を利用して、行動に移るべきかどうかという価値判断を下すのです。このような方法で自我は、制約されることなしにエスの内部のプロセスの進行を支配している快感原則の優位を否定して、安全で成功する可能性の高い現実原則に支配させるようにしたのです。

自我と時間の関係は説明しにくいものですが、これも知覚システムによって媒介されています。このシステムの作動方法が、時間という観念の源泉になっているのは間違いのないところでしょう。しかし自我がエスと何よりも異なるのは、自我は内部に含まれるものを総合しようとする傾向があることです。内部のさまざまな心的なプロセスを統括し、統一しようとするこの傾向は、エスにはまったく欠如しているのです。

次回の講義で心的な生のさまざまな欲動についてお話ししますが、その際には自我のこれらの主要な特徴の源泉を明らかにすることができるでしょう。これらの主要な特徴によって、自我だけにおいて高度な組織が成立するのであり、自我はその機能を最善な形で果たすためには、この組織を必要とするのです。自我は欲動を知覚した後に、これを制御しようとするのですが、欲動を制御するためには、欲動の代表がもっと大きな関連のうちに配置され、全体の一部としてうけいれられる必要があります。(9)

分かりやすく表現すれば、自我は心的なプロセスにおける理性と分別《ふんべつ》を代表するのであり、エスが無制御な情熱を代表するのです。

◆自我の窮地

これまで自我のさまざまな長所と能力を列挙しながら、いわば自我の能力に感心してきたわけですが、これからはその裏面について考えてみましょう。自我はエスの一部、危険と脅威をもたらす外界に近いために、ある目的に適うように修正されたエスの一部にすぎません。力動的にみると自我は弱く、エスからエネルギーを借りる必要があります。自我がエスからエネルギーを借りる方法については、かなりのことが分かっています。自我とエスのあいだに〈間道〉が通じていて、そこから自我はある量のエネルギーをエスから〈吸いあげる〉のです。たとえばすでにお話しした選択している対象や、放棄された対象との同一化は、こうした〈間道〉の一つなのです。

対象にリビドーが備給されるのも、エスが欲動の要求をつきつけるからです。自我はまずこうした欲動の要求を確認する必要があります。そして自我が対象と同一化した場合には、自我は対象の代わりにみずからを備給の対象としてエスに示すことで、エスのリビドーを自我に向けさせようとするのです。すでにご説明しましたように、自我はその生涯を通じて、かつての対象に備給されたリビドーの多くの残滓《ざんし》をとりこんでいるのです[10]。

しかし全体としては、自我はエスの意図を実行しなければならないのであり、エスの意図が最善の形で実現できるような状況を探しだして、その任務を遂行するのです。エスと自我の関係は、馬と騎手の関係に譬えることができるでしょう。馬は動くためのエネルギーを提供し、騎手は目的地を決定し、馬の強い動きを制御する特権をもっています。しかし自我とエスの関係が理想的なものとならないことがあまりにも多く、騎手は馬が進みたい方向に進ませるしかなくなるのです。

自我は抑圧への抵抗によって、エスの一部から分離されたのです。しかしこの抑圧はエスのうちでそのまま維持されることはありませんでした。抑圧されたものは、エスの残りの部分と合流したのです。

二君に同時に仕えるなかれという諺があります[11]。ところが哀れな自我は、もっと困難なこと、すなわち三人のうるさい君主に同時に仕えて、それぞれの君主の注文や要求をたがいに調和させようと努力しているのです。こうした要求はたがいに矛盾していて、調和させることができないように思われることも多いのです。ですから、自我がしばしばこの試みに失敗するのも、不思議ではないのです。この三人の暴君とは、外界、超自我、エスです。

自我はこの三人の君主に仕えて、それぞれの要求を同時に満たそうとし、正確にはこの三人の君主に同時に服従しようとするのですが、自我のこの努力を眺めていると、自我を人格化して、ある特殊な存在者とみなしたことも不適切なこととは思われなくなります。自我は三つの方向から圧迫されていると感じており、三つの危険に脅かされているので、「あたかも人間のように」苦しくなると、不安を作りだして対処するのです。

自我はそもそも知覚システムの経験から生まれたものですから、自我が外界の要求を代表しようとするのはその宿命のようなものです。しかし同時に自我はエスの忠実な召使でもあり、エスと仲良くして、みずからをエスの対象として選ばせるようにして、そのリビドーを引き寄せようとするのです。「エスと外界が対立したときには」自我はエスと現実を調停しようとして、エスの無意識的な命令を、自我の前意識的な部分で合理化して変装させ、エスと現実の葛藤をもみ消そうとします。そしてエスが頑固で妥協しない場合にも、巧みな手腕でごまかして現実を考慮しているかのように取り繕うのです。

一方で自我は、いたるところで厳格な超自我によって監視されています。そして超自我は、エスや外界の厳しい要求をまったく顧慮することなく、自我に行動の規範をつきつけます。そして自我がこれを守らない場合には、劣等感や罪責感のもたらす緊張した感情を覚えさせて罰するのです。

このように自我はエスに追い立てられ、超自我から圧迫され、現実から厳しく拒否されて、自我の内部で、あるいは自我にたいして外部から働きかけるさまざまな力と影響を調和させるというエネルギー論的な任務を遂行しようと、懸命に努力しているのです。わたしたちは「生きることはたやすくない」という嘆きの声を抑えることができないことが多いのですが、それはもっともなことなのです。自我が自分の弱さを示さざるをえなくなると、自我は突発的に不安を起こします。外界にたいしては現実不安を、超自我にたいしては良心の不安を、エスの内部の情熱の強さにたいしては神経症的な不安を起こすのです(12)。

◆心的装置の構造図

これまでご説明してきた心的な人格の構造的な状況を、分かりやすい図に描いて、ごらんいただきましょう（次ページ上）。

この図からお分かりのように、超自我はエスの中に入りこんでいます。エディプス・コンプレックスの後継者として、超自我はエスと密接な関係にあるからです。超自我は自我よりも知覚システムから遠い場所にあります。エスは自我を媒介しなければ、外界と交渉できません（少なくともこの図ではそうなっています）。この図がどこまで正しいのか、現在のところは確言できません。ただある一点で、この図は不正確になっています。無意識的なエスが占めている場所の容積は、自我や前意識が占めている容積よりもはるかに大きいはずなのです。頭の中でその点を修正していただくよう、お願いします。

さて、このなんとも面倒で、おそらく分かりにくかった講義を終えるにあたって、一つだけご注意しておきたいことがあります。人格はこのように自我、超自我、エスに分割できるとしても、政治地理学で人工的に引くような明確な境界線は描けないということです。心的なものには独特な性質があるために、スケッチや素朴な絵のような線描の輪郭線ではうまく表現できないのです。むしろ現代絵画のような色域のぼやけた絵がふさわしいのです。

　これまで心的な装置を分割してきましたが、分割されたものはふたたび統合される必要があります。これは、心的なものという把握することの困難なものを説明しようとする最初の試みですので、あまり厳しく批判されないようにお願いします。分割する方法は人によっておそらく大きく異なるでしょうし、機能という点から考えると、こうした分割方法が変動したり、ときには後戻りして分割し直したりすることもありうるでしょう。とくに自我と超自我の分割は、系統発生的にもっとも遅れて起こるきわめて微妙な分割ですので、この留保がとくにあてはまるところでしょう。精神疾患の場合にも、同じことが発生するのはたしかです。

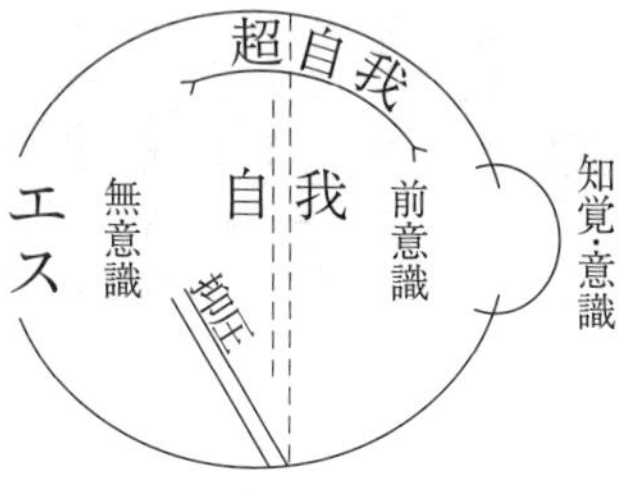

心的装置の構造図

　あるいはある種の神秘的な営みによって、心のさまざまな領域のあいだの正常な関係が崩される可能性もあるのです。こうした営みによって、ほんらいなら把握できないような心の深い場所での自我とエスの関係が理解できるようになることだってあるかもしれないのです。しかしこうした神秘的な営みによって、すべての救いが期待できるような究極の叡智がえられるかどうかは、大いに疑問なところです。

ただ、精神分析の治療行為は、こうした営みと同じところを目指しているのはたしかなのです。精神分析による治療が目指すのは、自我をさらに強めること、自我を超自我からさらに独立させること、自我の知覚領域を広くし、その組織を強化すること、それによって自我がエスの領域の一部をみずからのものにできるようにすることです。エスがあったところにこそ、自我が生まれる必要があるのです。

これは「オランダの」ゾイデル海を干拓するような文化の仕事なのです。

訳注

(1) カント『実践理性批判』第二部結語。邦訳では、「二つの事物があって、それについてわれわれの考察が一層しばしば、一層継続的に没頭してゆけばゆくほど、いよいよ新たな、そして増大してゆく感嘆と畏敬の念をもって心を満たすのである。すなわち、わが頭上なる星繁き天空とわがうちなる道徳的法則である」(『カント全集』第7巻、深作守文訳、理想社、三六八ページ)とされている。

(2) 鬱病におけるこの同一化と対象選択の関係については、本書に収録した「喪とメランコリー」における詳細な考察を参照されたい。また「ナルシシズム入門」(一九一四年)では、ナルシシズム型の対象選択と同一化の弁証法的な関係を詳しく考察している。とくにこの重要な論文の第二節以下を参照されたい(フロイト『エロス論集』中山元訳、筑摩書房、二四五~二七三ページ)。

(3) ここでフロイトは、多くのことを劣等コンプレックスで説明しようとした精神医学者A・アドラー(一八七〇~一九三七)のことを揶揄しているとみられる。また訳注(4)のE・ルートヴィヒもこうした作家の一人であろう。

(4) ドイツ皇帝ヴィルヘルム二世のこと。この伝記はエーミール・ルートヴィヒ『ヴィルヘルム二世』(E・ローヴォルト社、一九二五年)である。

(5) フロイト『集団心理学と自我の分析』(一九二一年)。邦訳は『フロイト著作集4』(人文書院)。

(6) エスという用語がグロデックの著作から示唆されたものであることについては、

一九二三年刊行の著作『自我とエス』を参照されたい。とくにこの著作を収録したフロイト『自我論集』(中山元訳、筑摩書房)の二一〇〜二一一ページを参照されたい。

(7) 妥協形成とは、抑圧されたものが、症状や夢において表現される際に、そのままでは表されず、防衛のプロセスで無意識的な欲望と「妥協」する形で表現されることを指す。症状においては、性的な満足が歪められた形で意図されているか、性的な満足にたいする防衛が意図されていることが多いとフロイトは考える。「ヒステリーの場合には願望の充足という肯定的な性格が強く、強迫神経症の場合には禁欲という否定的な性格が優勢になる」(フロイト『精神分析入門』。邦訳は『フロイト著作集1』人文書院、二四八ページ)。どちらも欲望と防衛が妥協して表現されるのである。

(8) 置き換えと圧縮は夢の作業における重要なプロセスである。夢においては、防衛のプロセスのために、好ましくない表象は別の同等な表象に置き換えられる。たとえば性器の快感は、身体の別の器官の快感に置き換えられるのである。圧縮では、別の表象に置き換えるのではなく、一つの顕在的な表象に、複数の意味が重層的に重ねられ、複数の連想の連鎖を代表することができる。

(9) 欲動の代表とは、欲動がさまざまな情動として心的に表現されたものを意味する。

情動は別の情動に転換されたり、不安として表現されたり、禁圧されたりするなど、さまざまな「運命」をたどることになる。欲動の表象と表現されることもある。

(10) これは自我がリビドーのすべてを外部の対象に向けずに、みずから保留していることを示す。これがナルシシズムの源泉となるとフロイトは考えている。本書の「喪とメランコリー」の考察を参照されたい。

(11)「だれも、二人の主人に仕えることはできない。一方を憎んで他方を愛するか、一方に親しんで他方を軽んじるか、どちらかである」(「マタイによる福音書」六章二四節)。

(12) この三種類の不安については、次講の「不安と欲動の生」での説明を参照されたい。

不安と欲動の生

(『精神分析入門・続』第三二講、一九三三年)

◆不安概論――現実不安と神経症的な不安

みなさん、今回の講義では、不安と心的な生の欲動の動きについて精神分析の世界でどう理解しているか、多くの新しい見解をご説明しますが、こうした見解が未解決の懸案を最終的に解決するものではないことをお断りしても、驚かれないと思います。さて、わたしはこうした見解について、特定の意図をもってお話しするつもりです。

というのは、わたしたちが直面している課題はきわめて困難なものではありますが、この難しさは観察が信頼できないことによって生まれるものではないのです。わたしたちに謎を投げかけるのは、ごく頻繁に起こる馴染みの現象なのです。またこうした現象を解釈するために、突飛な思弁を展開するから難しくなるわけでもありません。この分野では、思弁的な考察はごく稀にしか行われないのです。それよりも、適切な見解を提示することのほうが困難なのです。難しいのは、適切な抽象的な概念を導入すること、その概念を観察材料に適用して、そこに秩序と展望を作りだすことなのです。

不安という問題については、以前の第二五講で説明しておきました。その内容を簡単に繰り返しておく必要があるでしょう。不安はある情動の状態であることをご説明しました。不安とは、快と不快の連鎖が特定の形で感受されること、この情動が感受される際に、これと対応して放出性の神経支配が発生すること、そして、これが知覚されること、それらが一体になったものです[1]。また「不安と同じような役割を果たす」ヒステリー発作は、個体において発生する出来事ですが、不安は遺伝によってうけつがれた何らかの重大な出来事の沈殿したものなのです[2]。このように情動に沈殿を残す出来事としては出産があることを確認してきましたが、分娩の際にみられる「新生児の」心臓の活動の変化と呼吸作用の変化は、不安に特有なものであり、以下で説明するようにある目的をそなえたものです[3]。こうして最初の不安は、「分娩時に呼吸の中断されることによる」中毒性の不安だったに違いありません。

わたしたちは不安を、現実不安と神経症的な不安に分類することから考察を始めました。現実不安は危険にたいする反応として、理解しやすいものです。これは外部から危害が加えられることが予想された際の反応として、自然なものだからです。しかし神経症的な不安は、まったく謎めいたものですし、役に立たないと思われるのです。現実不安を分析してみると、知覚の注意力が強められ、運動機能が緊張していることが分かります。この状態は不安準備状態と呼べます。この状態から不安反応が発生するのです。

不安反応には二つの終わり方が考えられます。一つは不安を発生させることです。これはいわば古いトラウマ体験を反復するものですが、まだ信号のようなものにすぎません。この信号が出されることで、訪れた危険状態に対処するために逃走するか、あるいは防衛するという反応をとることができます。第二の終わり方として、心の古い層がその人を支配するようになり、不安を発生させるという反応しかできなくなることがあります。そうなると情動が麻痺状態になり、その時点での反応としては役に立たないものになります。

次に挙げました神経症的な不安は、三種類の状況で観察することができます。第一は、自由に浮動する一般的な不安感です。これは新たに登場する可能性のあるあらゆる事態と結びつく準備をそなえているのです。いわゆる期待不安として、典型的な不安神経症の場合にみられるものです。第二の不安は、特定の観念内容に強く拘束される状態で、いわゆる恐怖症によくみられます。恐怖症《フォビア》の場合には、たしかに外的な危険との関係は確認できるのですが、その危険にたいする不安が極端なまでに誇張されていると言わざるをえません。第三の不安は、ヒステリーやその他の重篤な神経症にみられるもので、症状を伴う場合も、伴わない場合もありますが、不安の発作として、あるいは長く持続する不安状態として発生するもので、外的な危険によってはっきりと根拠づけることのできない不安です。

さてここで次の二つのことが問題になります。こうした神経症的な不安では、患者は何を恐れているのでしょうか。またこの神経症的な不安は、外的な危険に直面した際に発生する現実不安とはどのような点で異なるのでしょうか。

◆神経症における不安のメカニズム

この問題の研究は空しいものではありませんでした。いくつかの重要な洞察をえることができたのです。まず不安に満ちた期待についてお話ししましょう。臨床的な経験から、これがつねに性生活におけるリビドーの配置と結びついて発生することが確認されたのです。不安神経症のもっとも頻繁にみられる原因は、興奮が満たされないことにあります。あるリビドー的な興奮が呼び起こされたのに、それが満たされず、使われないことが原因なのです。リビドーの方向を変えて利用するのではなく、その代わりに不安感が生まれたのです。満たされなかったリビドーが直接に不安に変わるのだと言っても間違いではないと思えるほどです。

この考え方の裏づけとなるのは、幼児にごくふつうにみられる恐怖症です。幼児の恐怖症の多くはきわめて謎めいたものなのですが、はっきりと説明できる恐怖症もあります——独りになることの不安や、人見知りの不安などです。独りぼっちでいたり、見知らぬ人の顔をみたりすると、親しい母親を求める気持ちが生まれるのです。幼児はこのリビドー的な興奮を抑えることも、そのまま漂わせておくこともできないので、これを不安に変えるのです。

ですからこうした幼児の不安は、現実不安に分類すべきではなく、神経症的な不安とみなされるのです。このように、幼児の恐怖症と不安神経症の不安に満ちた期待は、神経症的な不安が生まれる道筋を示してくれる二つの実例です。どちらもリビドーが直接に不安に変わるのです。次にご説明するメカニズムも、これとそれほど大きな違いはありません。

ヒステリーとその他の神経症にみられる不安は、抑圧のプロセスから生まれたものと考えることができます。この抑圧のプロセスをこれまでよりも詳細に記述するためには、抑圧される観念がたどる〈運命〉と、その観念に付着しているリビドーの量の〈運命〉を区別して考えるべきだと思われます。

抑圧されるのは、ある特定の観念であり、これはやがては識別ができないほどに歪められることになります。しかしこの観念に付着している情動の全体は、ふつうは不安に変わるのです。そしてその情動がどのような種類であるのか、すなわち攻撃的な情動なのか、愛情なのかを問わず、つねに不安に変わるのです。

そしてそのリビドーの量がどのような理由で使われなかったのかということとは、本質的な違いをもたらしません。幼児の恐怖症の場合には、幼児の自我が弱いためにリビドーを使えないのですし、不安神経症の場合には、性生活における身体的なプロセスのために、リビドーが使われないのです。そしてヒステリーの場合には、抑圧されるために使われないのです。しかし使われない理由は問われないのです。ですから神経症的な不安におけるこの二つの不安発生のメカニズムは、結局は同じものなのです。

◆不安と症状

この不安の発生のメカニズムを研究することで、不安の発生と症状の形成には非常に重要な関係があることが明らかになりました――たがいに代理しあい、交替しあうのです。たとえば広場恐怖症《アゴラフォビア》の場合には、街路で不安が発生することが、病の発生のきっかけとなるのです。患者がふたたび街路に出ると、この不安が反復されます。こうして街路不安という症状を作りだすのです。この症状は自我の機能の制約あるいは抑止と呼べるのですが、この症状によって患者は、不安の発作を起こさないですむのです。

これとは逆の道筋もあります。たとえば強迫的な行為の場合に、症状の形成に不安による干渉がみられます。患者が手洗いの儀式を行うのを妨げると、患者は耐えがたいほどの強い不安に襲われます。患者は症状を起こすことで、不安に陥ることから保護されていたのです。ところでこの不安は、症状の形成よりも前に発生するようにみえます。症状は、「先に起きた」不安の突発を抑えるために起きているかのようなのです。

幼児期の最初の神経症が恐怖症であるのも、これを裏づけていると考えられます。恐怖症では、最初に不安が発生し、これがのちに症状の形成に変わっているのがはっきりと確認できるのです。そしてこの［不安と症状の］関係は、神経症的な不安を理解するための何よりの手掛かりになるのではないかという印象をうけるのです。

この関係を考察することで、神経症的な不安を起こすときに、患者は何を恐れているのかという第一の問いに答えることができるようになります。患者が恐れているのは、明らかに自分のリビドーなのです。また神経症的な不安と現実不安はどのような点で異なるのかという第二の問いにも答えることができます。現実不安と違って神経症的な不安では、危険が外的なものではなく内的なものであり、そしてその危険が意識に認識されないのです。

◆欠けたリンク

恐怖症の場合には、この内的な危険が外的な危険に置き換えられること、神経症的な不安が見かけの上では現実不安に変わることが、はっきりと理解できます。実際の状況はごく複雑なものであることが多いのですが、簡略化するために、ここで広場恐怖症の患者がふつう恐れているのは、街路でさまざまな人に出会うときに誘惑の興奮を感じることだと想定してみましょう。

恐怖症を起こすことで、患者はある〈置き換え〉を行って、［内的な状況ではなく］外的な状況に不安を感じるようになるのです。患者は症状を起こすことである〈利得〉をえるのですが、この利得とは恐怖症によって身を守れることにあるのは明らかです。外的な危険からは、逃走して身を守ることができます。しかし内的な危険から逃走しようと試みても、それは困難なのです。

さて以前の不安についての講義の最後で、こうした考察からえられるさまざまな結論には、矛盾しているわけではないとしても、どこか一貫性に欠けたところがあることを認めておきました。まず不安は、かつて危険をもたらした出来事が再生されることによって生まれる情動状態です。そして不安は自己保存に役立つのであり、新しい危険を示す信号です。さらに不安は、抑圧のプロセスにおいても、何らかの形で使われなかったリビドーから生まれると考えられます。最後に不安は症状の形成によって解消され、いわば心的に拘束されるようです。ここには何か欠けたところがあり、考察からえられる結論を統一できていないと感じざるをえないのです。

◆心的装置の構造と不安

前回の第三一講では、心的な人格を超自我、自我、エスに分解できることをお話ししました。そしてこの心的な人格の構成に沿って、不安の考察にも新たな方向づけが必要となったのです。不安が発生する場所はどこかと考えてみると、それは自我だけなのです。自我だけが不安を生みだすことができるのですし、不安を感じることができるのも、自我だけだということになります。間違いないと思われるこの新しい視点から考察しますと、多くの問題に新たな光が当てられることになります。

というのも、「エスの不安」とか、超自我に不安を感じる能力があると言ってみても、どんな意味もないからです。それよりも三つの大きな種類の不安、すなわち現実不安、神経症的な不安、良心の不安を、自我と外界の関係、自我とエスの関係、自我と超自我の関係［という自我の三人の主人との関係］と、すぐに結びつけることができたのは、願ってもないことでした。

このように新しい視点からみると、不安が危険な状況を示す信号としての機能を果たすことがとくに注目されるようになりました（これは以前から分かっていたことですが)。また不安がどのような要素で作られているかということは、もはや重要なことではなくなりました。そして現実不安と神経症的な不安の関係も、驚くほど明確で簡略な形で解決されたのでした。いままでは見かけは複雑な不安の発生様態のほうが、これまで単純なものと考えられていた不安の場合よりも、理解しやすくなっているというのは興味深いことです。

◆去勢不安

というのも最近のことですが、不安ヒステリーに分類されるいくつかの恐怖症において、不安がどのように発生するのかを研究した結果、こうした恐怖症では、エディプス・コンプレックスによる願望の動きが抑圧される状況が典型的に観察できたのです。わたしたちは最初、母親という対象にリビドーが備給され、それが抑圧されて不安に変わったのであり、それが父親［への恐怖］という症状に置き換えられて表現されるのだと予測していました。この研究の詳しい内容をお話しすることはできませんが、予想とは反対の意外な結論が出されたとだけ、申し上げておきましょう。抑圧が不安を作りだすのではなく、まず不安が生まれて、その不安が抑圧を作りだすのです。

それでは、その不安とはどのようなものでしょうか。それは、本人を脅かすような外的な危険にたいする不安、すなわち現実不安なのです。たしかに男の子が自分のリビドーの要求のために不安を感じたとしたら、それは現実不安などではないと思われるでしょう。たしかに少年は、母親に愛情を感じたのであり、これは神経症的な不安の一例なのです。

しかし少年は、母親への愛着を内的な危険としてうけとり、この母親という対象を放棄することで、この危険から免れる必要があると感じたのですが、それはその愛着がある外的な危険状況をもたらしかねないからです。そしてわたしたちが分析したすべての事例で、同じことが確認されました。正直なところを申し上げますと、まさか内的な欲動の危険が、外的な現実の危険状況の条件となり、それを準備するものであることが判明するなどとは、考えてもみなかったのです。

この現実の危険とは何かについては、まだ申し上げていませんでした。これは少年が母親に愛着を感じたことで発生することを恐れた現実の脅威なのです。それは去勢の処罰であり、身体の一部であるペニスを喪失するという危険なのです。もちろん、これは現実の危険などではないと異議を申し立てられることでしょう。ヨーロッパでは少年がエディプス・コンプレックスの段階で母親に愛情を感じたところで、去勢されたりはしません。しかしこれはそう簡単に片づけてしまえる問題ではないのです。

何よりも重要なのは、去勢が実際に行われるかどうかではないのです。決定的な意味をもつのは、少年がこうした外部からの危険が迫っていると信じるということなのです。少年がそう考えることにはある理由があります。男根期に、幼児オナニーをしている少年を、〈おちんちんを切ってしまいますよ〉と脅すのはごくふつうにみられることです。そしてこの処罰の暗示が、少年においてはつねに系統発生的な意味で強化されることも多いのです。というのは、人間の家族の原始時代には、嫉妬する残酷な父親が実際に、成長しつつある息子を去勢することがあったのだと考えられていまず。原始的な民族の成人儀礼の一部に、割礼という儀式が含まれていることが多いのですが、これは原始時代における去勢のはっきりとした名残だと思われます。

これが一般的な考え方とはかけ離れたものであることはよく承知していますが、去勢不安は抑圧が行われ、神経症が形成される最大の動機であり、もっとも頻繁にみられる動機であると、主張せざるをえないのです。オナニーの処罰として、あるいはオナニーをやめさせる治療法として、少年の割礼が行われることがあります（英米人ではそれほど稀なことではないのです)。これは去勢ではないのですが、こうした事例について分析した結果も、わたしたちの確信をさらに強めるものでした。

このあたりで去勢コンプレックスについて詳しくご説明したい誘惑に駆られるところですが、横道に逸れるのはやめておきましょう。もちろん抑圧が行われる動機となるのは去勢不安だけではありません。それに少女の場合には、去勢不安は最初から発生しないのです。少女は去勢コンプレックスをもつことはありますが、去勢不安はもちようがないのです。少女の場合には去勢不安の代わりに、愛情喪失の不安が発生します。これは母親がいないときに幼児が感じる不安が発展したものであるのは明らかです。

この不安では、どのような現実に危険な状況が暗示されているかは、すぐにご想像いただけるでしょう。母親が不在だったり、幼児が母親の愛情を享受できなくなったりした場合には、幼児の欲求が充足されることは保証されなくなりますし、場合によっては苦痛なまでに感情が緊張することになるのです。こうした不安条件は根本的に、原初的な誕生時の不安を反復したものであり、これは母親からの分離を意味するものであるとお話ししても、それを頭から否定しないでいただきたいと思います。

もしもフェレンツィの考えを採用するとすれば、[4] 去勢不安もこの誕生の際の不安と結びつけることができます。ペニスを喪失すると、母親またはその代理となる人物と、性行為によってふたたび結びつくことができなくなるからです。ついでながら申し上げておきますと、よく母胎への復帰願望が語られることがありますが、これはこの交接願望の代理なのです。これに関連して興味深い事例や予想外の関連事項などがたくさんあって、お聞かせしたいのですが、それでは精神分析入門という枠組みを逸脱してしまうでしょう。ここでは心理学的な探求が、生物学的な事実と出会うところまで進んでいることを指摘しておくにとどめます。

◆不安の克服

精神分析に多数の素晴らしい貢献をしてくれたオットー・ランクは、誕生という出来事と母親との分離の重要性をとくに強調していますが、これは大きな功績でした。ランクはこの視点から、神経症の理論と精神分析による治療について、極端な結論を引きだしたのですが、わたしたちはこうした結論はどれも容認できないと考えてきました。ランクは早い時点から、誕生の際に経験する不安が、のちのすべての危険状況の範例となると考えており、これが彼の理論の核心となっています。

これについてあえて述べるとすれば、成長の年齢に応じて特定の不安条件が存在し、それにふさわしい危険状況が存在するのだと指摘できます。自我がまだ未成熟なごく早期の段階にふさわしいのは、心的な寄る辺なさによる危険状況です。幼児がまだ他者に依存している早期の段階には、対象の喪失、すなわち愛情の対象の喪失という危険状況が対応しています。男根期にふさわしい危険状況は、去勢の危険です。そして潜在期においては、超自我にたいする不安が特別な地位を占めることになります(5)。

発達が進むと、それ以前の不安条件は姿を消してゆきますが、それは自我が強化されてゆくと、その前の段階の危険状況が重要性を失うためです。しかし以前の不安条件が完全に姿を消すということはありません。多くの人は愛情喪失の不安を克服することができず、他者の愛情から十分に独立することができないのです。その点では、幼児の状態から離れられないのです。

また、超自我にたいする不安というものは、ふつうは克服されないものです。超自我にたいする不安は良心の不安であり、社会関係において必須のものだからです。個人が人間の共同体から独立することができるのは、きわめて稀なことなのです。

以前の危険状況のうちには、のちの段階になっても、不安条件をその段階にふさわしい形に修正することによって、生き延びることができるものもあります。たとえば去勢の危険が、梅毒恐怖症という仮面をかぶって存続することがあるのです。大人になれば、性的な欲望をほしいままに充足したところで、ふつうは去勢という処罰は加えられないことをよく承知しています。しかし同時に、欲動をこのように自由に発揮した場合には、重篤な疾患にかかる可能性があることも学ぶのです。

神経症の患者たちは、危険にたいしてはいつまでも幼児的にふるまうのであり、昔からの不安条件を克服していないことは疑問の余地がありません。これは実際に神経症の患者の性格に大きく影響する要因であるのは明らかなのですが、どうしてそうなるのかは、一言では説明できません。

◆不安の役割

この講義では、不安と抑圧の関係を考察する予定だったことを、みなさんは覚えておられることと思います。この考察によって、新たに次の二点を確認することができたのでした。第一点は、予想されたのとは反対に［抑圧が不安を作るのではなく］、不安が抑圧をもたらすのだということです。第二点は、恐れられた欲動状況は、基本的に外部の危険状況によって生まれるということです。ここで新たな疑問が生まれます。不安の影響のもとで、抑圧プロセスはどのように進行するのでしょうか。

これについては次のように考えられます。自我は、ある欲動が充足を求めてくるのを自覚するのですが、この欲動を充足した場合には、おそらくまだ記憶のうちにある危険状況を呼び起こすことになることを認識します。このためこの欲動の備給を、何らかの方法で抑圧し、解消させ、無力にする必要があると判断するのです。ご存じのように、自我が強く、その欲動の動きをみずからの組織のうちに引き込むことができれば、自我はこの課題を遂行することができるのです。

ところが抑圧が行われるのは、そもそも欲動の動きがまだエスに属していて、自我がみずからを弱いと感じているときなのです。そこで自我はある技術を使ってこれに対処しようとします。この技術は、基本的に通常の思考の技術と同じものです。思考とは、利用するエネルギーの量を減らして試験的にやってみることです。戦争で将軍が自分の軍団に移動命令を出す前に、地図の上で小さな駒をあちこちに動かしてみるようなものです。

すなわち自我は、懸念すべき欲動の動きの充足を前もって予測して、恐れている危険状況が始まる際の不快感を再生することを許すのです。そうすると、快感－不快原則の自動装置が作動し始め、この装置が危険な欲動の動きを抑圧するのです。

◆自我と抑圧のプロセス

ちょっと待ってくれと、みなさんは言われるかもしれません、そこまではとてもついてゆけないと。たしかに、みなさんにもっと納得していただくためには、いくつかの作業が必要です。まずわたしが試みているのは、現実にはわたしたちがまだ理解できていない基質において、さまざまなエネルギー量に応じて発生する無意識的な（あるいはおそらく前意識的な）プロセスを、通常の思考の言語に翻訳しようとしているのだということを、ご理解いただきたいのです。これは不適切な試みだとは言えないでしょう、ほかに方法がないのですから。

それよりも大切なのは、抑圧の際に自我の中で起こることと、エスの中で起こることを明確に区別することです。自我がどうするかは、すでにご説明しました。自我は試験的に［不快感を］発生させて、不安信号によって快感－不快原則の自動装置を作動させます。これでさまざまな反応が起こることがありますし、こうした複数の反応が異なった量で混じり合うこともあります。

不安発作が十分に強くなると、自我は望ましくない興奮から完全に撤退してしまいます。あるいは自我は試験的に［不快感を］発生させる代わりに、その興奮に逆備給を行って、この逆備給と抑圧された興奮のエネルギーが一緒に症状を形成することもあります。あるいはこの興奮が反動形成として、特定の素質の強化として、あるいは持続的な変化として、自我の中に取り込まれることもあります。不安の発生をたんなる信号にすぎないものに限定することができれば、自我は抑圧されたものを心的に固着させながらも、防衛行動にそれだけいっそう力を注ぐことができます。そしてこれは正常な処理のプロセスに近いものになりますが、完全に正常なものにはなりません。

ところでここでちょっとだけ脇道に逸れてみましょう。すでにお気づきだと思いますが、性格という定義しにくいものは、完全に自我に属するものなのです。性格を作りだすものについては、すでにいくつか確認してきました。まず幼児のときに両親の審級であったものに、超自我という姿をとらせることが、もっとも決定的な意味をもつと思われます。そのほかにも、幼年期の後期に、両親やその他の影響力の強い人物との同一化が行われますし、こうした同一化が、放棄した対象との関係の沈殿として行われることもあります。

性格形成につねに貢献する要素として、反動形成をつけ加えることができるでしょう。自我は最初は抑圧作用において、反動形成を行うのですが、やがては望ましくない欲動の動きを退けるための通常の手段としても、反動形成を利用するようになるのです。

◆リビドーの運命

さてエスの問題に戻りましょう。抑圧された欲動の動きが抑圧の後どうなるかについて推測するのは、それほどたやすいことではありません。わたしたちがとくに関心をもつのは、この欲動の動きがもっていたエネルギーはどうなるのか、この興奮に含まれていたリビドーの負荷は、どのように使われるのかということです。まだ記憶しておられると思いますが、以前はこのエネルギーは抑圧によって不安に変えられるのだと想定していました。しかし現在では、もはやそのようには表現したくないと感じるのです。それよりも、このエネルギーの運命はおそらくつねに同じであるとは限らないと、控え目に表現するほうが適切でしょう。

自我の中でそのたびごとに起こるプロセスと、エスの中で抑圧された動きに起こるプロセスには密接な対応関係があると思われるので、この対応関係を明らかにする必要があるのです。不安信号によって、快感ー不快原則が呼び覚まされますが、これが抑圧と結びつけられたため、わたしたちの予測する内容も変えるべきなのです。この快感ー不快原則は、エスの内部で発生するプロセスを、まったく制約されずに支配しています。そしてこの原則のために、該当する欲動の動きの深いところに影響するような変動が発生したのだと考えられます。

この原則は、さまざまな形で、いずれにしても広範な抑圧をもたらすと予測することができます。抑圧された欲動の動きは、リビドーの備給を維持して、たえず自我の圧力をうけながらも、エスの中で変化せずに保たれることも多いでしょう。あるいは欲動の動きが完全に破壊されて、そのリビドーが最終的には他の通路に導かれることもあるでしょう。エディプス・コンプレックスが正常に解決される場合には、このような事態になると思われます。こうした望ましい形においては、エディプス・コンプレックスはたんに抑圧されるのではなく、エスの内部で破壊されるのです。

また臨床的な経験から明らかになったことですが、抑圧が通常みられる結果をもたらさずに、リビドーの格下げが発生し、リビドーの組織がそれ以前の段階に退行することも多いのです。これはもちろんエスの中だけで起こりうることであり、不安信号をきっかけとして発生した葛藤の影響のもとで起こるのです。もっとも顕著な実例は、強迫神経症であり、これはリビドーの退行と抑圧が同時に働くことによって発生するのです。

◆自我論の新しい展望

こうした話は分かりにくいかもしれませんし、詳しい話が省かれているという印象を抱かれるのも当然のことと思います。みなさんに不信の気持ちを抱かせるようなことになったとしたら、残念なことです。しかしこの講義で目指しているのは、わたしたちの研究の成果がどのような種類のものであるか、それを仕上げるのがどれほど困難なことであるかを、ご理解いただくことだったのです。

心的なプロセスの研究を深めていくと、その内容がいかに豊富で錯綜したものであるかを痛感せざるをえないのです。最初はごく単純な形式のものと思われても、やがてそれは見かけだけにすぎなかったことが判明することも多いのです。わたしたちはこうした形式を変更し改善する努力を、倦《う》まず弛《たゆ》まずつづけているのです。

この連続講義では夢の理論についてご紹介しましたが、この夢の理論はこの一五年間にまったく新しい発見というものがない領域でした。しかし不安についての今回の講義では、この領域が流動し、変貌しつづけていることがお分かりでしょう。この領域で新たに発見された事柄については、まだ掘り下げた考察が行われていないので、説明を聞かれても、分かりにくいと感じられたことでしょう。

しかし不安というテーマの考察が終わるまで、もうしばらくご辛抱いただきたいと思います。ただ不安の問題について満足できるような考察を示せるという意味ではありません。それでもある程度の進歩は実現できたと期待したいところです。それに考察の途上で、さまざまな新しい洞察がえられたのでした。今回も不安の研究を手掛かりとして、自我論についての説明に新しい一面をつけ加えることができたのです。

自我はエスにたいしては弱い存在であり、エスの忠実な召使であること、自我はエスの命令を実行し、その要求を満たそうと努力していることは、すでにお話ししました。わたしたちはこの主張を撤回するつもりはありません。しかし他方ではこの自我というものは、現実によりよく対処するために巧みに組織されたエスの一部なのです。自我とエスの区別をあまり誇張してはならないのです。そして自我にはエスの内部で発生するプロセスに影響を与える力があることを発見しても、驚いてはならないのです。

すなわち自我は不安信号を使って、ほぼ全能とも言える快感‐不快原則を作動させることで、エスに影響を及ぼすことができるのです。しかしエスに影響を及ぼした直後に、自我はふたたびその弱点をあらわにしてしまいます。自我は抑圧を加えたために、自我の組織の一部を喪失せざるをえないのであり、抑圧された欲動の動きが長期的に自我の影響をうけなくなることを許容してしまうのです。

◆トラウマ的な瞬間

不安の問題についてあと一つだけ指摘しておきたいと思います。神経症的な不安は、精神分析の見方によって現実不安に、すなわちある特定の外的な危険状況にたいする不安に変えられたのでした。しかしそれで十分というわけではなく、わたしたちはさらに一歩前進しなければならないのですが、しかしこの一歩は実際には後退を意味するものなのです。わたしたちの疑問は、そもそも危険なのは何が危険なのか、こうした危険状況において恐れられているものは何かということでした。

恐れられているもの、それは客観的に判断して、その人物に危害を加えるものではないのは明らかです。それは心理学的に解釈する必要のあるものではありません。心的な生のうちに作りだされたものが恐ろしいのです。たとえばわたしたちが不安状態を分析するために手本として使っているのは出産の際の不安です。赤子が誕生する際に危険がないわけではないのですが、だからと言って誕生そのものを危険とみなすことはできません。ほかのすべての危険状況と同じように、誕生時の不安において本質的なことは、心的な経験においてきわめて強い緊張をもたらす興奮を呼び覚ますということです。この緊張状態が不快と感じられ、これは解放して制御することができないものです。

快感原則の試みが失敗するこうした状況は、ト、ラ、ウ、マ、的な瞬間と呼ぶことができます。すると神経症的な不安－現実不安－危険状況という系をたどることで、次のような簡単な主張に到達したことになります。すなわち、不安の対象である〈恐れられているもの〉はいつでも、このトラウマ的な瞬間が訪れることです。このトラウマ的な瞬間は、快感原則の法則によって解消することができないものなのです。

するとわたしたちには快感原則が与えられているからといって、客観的な危害から守られているわけではなく、心的なリビドーの配置における特定の危害から守られているにすぎないということが分かります。快感原則から自己保存の欲動にいたる道は遠く、快感原則と自己保存欲動の意図が最初から一致するには、まだ多くのものが欠けているのです。

しかしそこに到達するにはまだ別の道があるかもしれませんし、それがわたしたちの探している解決策かもしれないのです。というのはここで何よりも重要なのは、相対的な量の問題だということです。興奮量の全体の大きさだけが、トラウマ的な瞬間の印象を強めて、快感原則の働きを麻痺させ、このために危険状況が重要な意味をもつようになるのかもしれません。そうだとすると、そしてこの冷徹な方式で謎が解けるのだとすると、心的な生において、こうしたトラウマ的な瞬間が、想定された危険状況とは関係なしに発生することもありえないことではないはずです。その場合には、不安が信号として呼び覚まされるのではなく、別の新たな理由で発生するのではないでしょうか。

臨床的な経験では、これが実際にありうることが確認されています。ただし、のちの段階の抑圧が教えているのは、不安の発生のメカニズムはやはり、以前に経験した危険状況への信号として呼び起こされるということです。これについてはすでにお話ししました。最初の根源的な抑圧は、自我が大きすぎるリビドーの要求に直面したことによるトラウマ的な瞬間から、直接に発生するのです。そして誕生時の不安を手本として、不安を新たに作りだすのです。

身体的な性的な機能が障害をうけた場合に発生する不安神経症の不安についても、同じことが言えるはずです。ただこの場合に、不安に変わるのはリビドーそのものであるとは、もはや主張できません。それでも不安に二つの発生源があることは確実です。不安はトラウマ的な瞬間の直接の結果として生まれるか、トラウマ的な瞬間が再発しそうだという信号として生まれるかのどちらかなのです。

◆精神分析の神話

さて不安については、この程度にしておきましょう。みなさんは不安についてこれ以上聞かされなくてすむことに、喜んでおられるかもしれません。不安については学ぶところがなかったかもしれませんが、あいにくとこれからも同じようなことになるかもしれません。わたしはこれからリビドー理論または欲動論の領域をご案内するつもりですが、ここでも多くの理論が新たに構築されたばかりです。この領域で大きな進展があったので、これを学ぶ努力をする価値があると言いたいわけではありません。この領域ではわたしたちは苦労して展望や新たな洞察をみつけようと、手探りをつづけているのです。わたしたちのこうした試みの証人になっていただきたいというわけです。この領域でも、すでにご説明したことをいくつか思いだしてみる必要があります。

欲動論はいわば精神分析の神話のようなものです。欲動は神秘的なものであり、きわめて規定しがたいものです。分析作業においては、欲動から一瞬たりとも目を離すことはできないのですが、それでいて欲動をはっきりと見定めることもできないのです。通俗的な欲動の理論については、よくご存じのことと思います。多数の欲動が、さまざまな種類の欲動が想定されています。自己顕示欲動、模倣欲動、遊戯欲動、社交欲動など、数え切れないほどです。いわば好き勝手にある欲動を作りだして働かせたかと思うと、すぐに捨ててしまうのです。

◆欲動の二元論

わたしたちは、こうして勝手に作りだされた多数の小さな欲動の背後に、何か重大で強力な欲動が控えているのではないかという予感をいつも抱いてきたのです。この欲動には慎重に取り組んでみたいと思います。わたしたちの最初の一歩は、ごくつつましいものでした。人間の二つの大きな欲求、すなわち飢餓と愛情という欲求に応じて、二種類の主要な欲動、二つのグループの主要な欲動を区別するのは間違ってはいないだろうと考えたのです。

わたしたちは心理学はいかなる科学からも独立していることを強く主張していますが、欲動については、疑いようのない生物学的な事実に依拠しているのです。すなわち、すべての生物は個体として、自己の保存と種の保存という二つの目的に奉仕しているのです。この二つの目的はたがいに独立しているようにみえますし、わたしたちの知る限りでは、共通の起源は確認されていません。動物の生活ではこれがたがいに衝突することも多いのです。

この分野の考察はほんらいは動物心理学的な考察であり、生物学的なプロセスが心理学的にどのような随伴現象を引き起こしているかを研究することになります。このような考え方に基づいて、精神分析の分野でも「自我欲動」と「性欲動」という概念が採用されました。自我欲動には、自己の保存、自己主張、自己の拡張に関連するすべてのものが含まれることになります。性欲動には、幼児の性生活や倒錯的な性生活が要求する多様なものを含める必要があります。

神経症の研究によって、自我とは制限し、抑圧する力であり、性的な営みは制限され、抑圧されたものであることが明らかになりました。こうしてこの二つのグループの欲動の違いだけでなく、その葛藤についても把握できるようになったのです。わたしたちはまず性的な欲動だけを研究し、そのエネルギーを「リビドー」と呼ぶことにしました。性欲動を研究することで、そもそも欲動とは何であり、欲動がどのような働きをするのかを考えようとしたのです。これがリビドー理論の占める位置です。

◆欲動の特性

さて、欲動は刺激とはどう違うものなのでしょうか。欲動は身体の内部の刺激の源泉から生まれるのですが、たえず一定の力をもって働きかけます。人は外的な刺激からは逃げだすことができますが、内的な欲動からは逃走することができないのです。欲動については欲動の源泉、欲動の対象、欲動の目標を区別することができます。欲動の源泉は、身体の興奮状態です。欲動の目標は、この興奮を解消することです。欲動の源泉から目標にいたる途上で、欲動は心的に働きます。欲動は、特定の方向に向かって迫る特定のエネルギー量だと考えることができます。欲動という名称は、この迫る動きを示しているのです。

よく能動的な欲動と受動的な欲動が区別されますが、正確には欲動には能動的な目標と受動的な目標があると表現すべきです。受動的な目標を実現するためにも、能動的な力を消費する必要があります。この目標は、自分の身体において実現することもできますが、原則として外部の対象が割り込んでいて、欲動はこの外部の対象において、外的な目標を実現するのです。自分の身体で実現する内的な目標は、つねに身体的な変化においてある満足を享受することです。

身体的な源泉との関係においては、欲動が何が特殊な性格を獲得するのか、獲得するとすればどのような性格なのかということは、明らかではありません。精神分析の経験から疑問の余地がない事実として確認されているのは、ある源泉から生まれた欲動の動きが、別の源泉から生まれた欲動の動きと一緒になって、同じ運命をたどることがあること、そして一般にある欲動の充足が、別の欲動の充足によって代理されることがあるということです。ただし正直なところ、これは疑問の余地のない事実なのですが、十分に理解されているとは言いがたいのです。

欲動とその目標の関係や、欲動とその対象の関係も、さまざまに変動することがあります。どちらの関係も、別のものと交換することができますし、対象との関係はごく簡単に緩めることができます。欲動の目標が修正され、欲動の対象が交換された結果、社会的に高く評価されるようになった場合には、これを昇華と呼びます。

また目標を制止された欲動というものがあります(6)。これはよく知られた源泉から生まれた欲動が、明確な目標をもっていたのに、充足される途中でとまってしまい、対象に持続的な備給が行われ、その試みがずっとつづけられるものです。たとえば心の優しさで結ばれた関係などはこうした欲動の一例です。この欲動が性的な欲求から生まれたものであるのは明らかですが、欲動の充足が途中で断念されたのです。

このように欲動の性質についても運命についても、まだ理解されていないことは多いのです。ここで、性欲動と自己保存の欲動の違いについてふりかえってみるべきかもしれません。この違いが二つのグループの欲動の全体にあてはまるものであれば、理論的にはきわめて有意義なことだからです。性欲動の顕著な特徴はその柔軟性です。性欲動はその目標を変更できるのですし、別の欲動の充足によって代理されることができます。さらに目標を制止された欲動が好例ですが、欲動の充足を延期することもできるのです。

自己保存欲動には、これらの特徴はみられません。自己保存欲動は頑固で、充足を先に延ばすことはできません。まったく別の意味で支配的であり、抑圧との関係も、不安との関係も、まったく異なったものです。しかしさらに検討してみると、すべての自我欲動がこのような例外的な特徴を示すわけではないことが分かります。これは飢えと渇きだけにみられる特徴であり、特別な性格の欲動の源泉によって生まれたものと考えられます。混乱した印象を与えるかもしれませんが、それは、ほんらいエスに属する欲動の動きが、組織づけられた自我による影響のもとでどのように変化するかを、詳しく考察してこなかったためなのです。

これにたいして欲動の生が性的な機能にどのように奉仕しているかについての考察には、確固とした土台があります。この分野では決定的とも言える洞察を獲得していますが、これはみなさんにとっても耳新しいものではないでしょう。すなわち、人間には最初から、性的な機能を目標として、男性と女性の性器的な結合をめざす欲動の動きがあるわけではないのです。むしろ多数の部分的な欲動があり、身体のさまざまな場所や領域から発生する部分欲動が存在しているのです。これらの部分欲動はかなり独立した形で、みずからの充足を求め、器官快楽と呼びうる快楽の充足を目指しているのです[7]。

◆性的な体制の発達

性器はこれらの性感帯のうちで、もっとも遅れて発達してきたものであり、この性器の器官快楽は、性的な快楽と名づけざるをえません。快楽を追い求めるこれらの興奮のすべてが、性的な機能の最終的な組織のうちに統合されるとは限りません。多くの部分欲動は、使い道のないものとして、抑圧されるか、その他の方法で捨てられます。また一部の部分欲動は、すでに述べたような注目すべき形で、ほんらいの目的から逸らされて、他の興奮を強めるために利用されるのです。また付随的な役割に甘んじる部分欲動もあり、これは予備快楽を生みだすための導入的な行為の遂行に奉仕するのです。

人間の長く引き延ばされた成長のあいだに、さまざまな段階が形成され、暫定的に組織化されることについても、性的な機能のこの〈歴史〉のうちで、さまざまな逸脱や萎縮がどのように説明されるかについても、すでにご存じのことと思います。ここでは簡単に前性器的な段階について説明しておきましょう。最初の段階は口唇期と呼ばれます。乳児はさまざまな育てかたをされますが、いずれも口唇ゾーンが性感帯として中心的に機能し、これがこの時期の性的な活動を支配するためです。

「次の段階は肛門期と呼ばれますが、それはこの」第二の段階では肛門愛的な衝動とサディズム的な衝動が前面に登場するからです。これは幼児に歯が生えてくることと、筋肉系統が強化されること、そして肛門の括約筋機能が制御できるようになることが結びついています。この注目すべき成長段階については、多数の興味深い特徴を確認しています。

第三の段階は男根期で、この段階では男女双方で、すなわち男性ではペニスが、女性では男性のペニスに相当する器官が、見逃すことのできない意味をもつようになります。最後の性的な体制には、性器期という名前をとっておきました。思春期の後に成立するこの最終的な体制では、男性の性器だけでなく、女性の性器がやっとその存在を認められるようになります。

◆口唇期と肛門期の分割

ここまでは以前の講義のおさらいです。ただ、今回お話ししなかったことはすべて、もはや否定されたのだとは考えないでいただきたいのです。このようなおさらいが必要だったのも、わたしたちの洞察の進展を、お話ししなかった内容と結びつけるためだったのです。リビドーの初期の体制について多くの新しい知見が明らかになっており、これまでの知見のもつ意味がさらに明確になってきたことは誇らしいことです。そのことを具体的な事例でご説明したいと思います。

アブラハムは一九二四年に、肛門サディズム期を二つの段階に分割できることを示しました(8)。第一の段階では、破壊と喪失という破壊的な傾向が強く、第二の段階では保持と所有という、対象に親しい傾向が優勢なのです。ですからこの二つの段階の中間で初めて、対象への配慮が生まれるわけです。そしてこれが後の時期になって登場する対象への愛情の備給の先駆けとなるのです。

同じことが口唇期にも言えることが明らかになりました。口唇期の最初の段階では、ただ口から［乳を］摂取するだけです。そこではまだ、母親の乳房という対象との関係に、アンビヴァレントな要素は存在しません。第二の段階は、母親の乳房を噛《か》むという顕著な特徴によって確認できるもので、口唇サディズム期と呼ぶことができます。この段階で母親の乳房とのアンビヴァレントな関係が登場するのです。このアンビヴァレンツは次の肛門サディズム期において、さらに顕著なものになるのです。

これらの新しい区別によって、強迫神経症や鬱病などの特定の神経症において、リビドーの発達における素質のありかを探すことができるようになったのです。ここで以前の講義で、リビドーの固着、素質、退行の関係について説明したことを思いだしていただきたいと思います(9)。

こうしてリビドー体制の諸段階についての以前の考え方が、すこしずつ違ったものになってきたのです。かつては、ある段階が登場すると、それ以前の段階は姿を消すことを強調していました。しかしいまでは、新しい段階が登場しても、以前のさまざまな段階がその背後に保存されたり、新しい段階と併存したりすることを示す事実に注目するようになりました。こうした古い段階が、リビドーの配置とその人の性格に持続的に代表されていることを重視するようになったのです。

さらに重要なことは、これらの段階を研究することで、病的な状況では以前の段階への退行がきわめて頻繁に発生すること、そして特定の形式の疾患は、特定の時期への退行を特徴とすることが明らかになったことです。ただしここではこれについて掘り下げることはできません。特別な神経症の心理学の問題だからです。

◆肛門期の特徴と性格

欲動の転換のプロセス、ならびに同様なプロセスは、とくに肛門性愛において、性感帯としての肛門ゾーンを源泉とする興奮に関連して研究することができました。この欲動の興奮がいかに多様に利用できるものであるかに、驚かされたのでした。人間の成長の段階において、この肛門ゾーンのもつ意味は過小評価されているのであり、この傾向をくつがえすのは難しいことでしょう。しかしアブラハムが注意を促したように、胎生学的には肛門は原始口に相当するものであり、この原始口は腸の下部にまで降りていたことを想起すべきなのです。

さらにわたしたちは、みずからの糞便や排泄物の価値が引き下げられるとともに、肛門を源泉としていたこの欲動の関心が、贈物として与えることができる対象へと移行することを確認しました。それというのも、糞便は乳児が贈ることのできる最初の贈物であり、自分を世話してくれる人への愛情から、これを手放すのです。また言語の発達における語義の変動の場合と同じように、糞便への古い関心は、黄金と金銭の尊重へと転化します[10]。糞便へのこの関心は、赤子とペニスにたいする情動の備給に貢献するものでもあります。

赤子は肛門から生まれるという〈一孔説〉をずっと信奉している子供たちは、赤子は一塊の糞のように、腸から生まれると信じているのです。排便は分娩行為の手本となるのです。ところでペニスにもまた先駆けとなるものがあるのです。腸の粘膜管を満たしてこれを刺激する棒状の糞便は、ペニスに相当するものなのです。

子供はやがてしぶしぶながらも、ペニスをもたない人間がいることを認めるようになるのですが、そのときにペニスは身体から分離できるものだと考えるようになります。そして自分が手放さねばならなかった身体の一部だった糞便との類似があまりに明確なものであるために、ペニスは糞便と同じようなものと考えるようになるのです。

こうして肛門愛の多くは、ペニスへの［リビドーの］備給に変化してゆきます。しかしこのペニスという身体の器官への関心は、肛門愛だけでなく、もっと強力な口唇愛的な根源をもつのかもしれないのです。授乳をやめた後は、母親の器官であった乳房の位置を継ぐのは、ペニスだからです。

このような深いところに潜む関係を認識しなければ、人間のさまざまな空想とか、無意識的なものに影響された思いつきとか、症状の言語とかを正しく理解することはできないのです。糞便－金銭－贈物－赤子－ペニスはここではまるで同じものを意味するかのように扱われ、共通の象徴によって代理されるのです。ただしわたしの話はごく不完全なものであることは、忘れないでいただきたいのです。ただ急いで一つだけつけ加えておきますと、成長して目覚める膣《ヴァギナ》への関心も、主として肛門愛的な起源のものなのです。膣そのものは、ルー・アンドレアス＝ザロメの巧みな表現を借りれば、肛門に「間借りしている」ようなものであることを考えると、これは意外なことではありません。性的な発達の特定の部分を抜かしてしまった同性愛者の生では、膣はまだ肛門によって代理されているのです。(11)

夢の中で、以前は一つの空間だったのが、いまでは壁によって二つに区切られている部屋が登場したり、その逆の空間ができてきたりすることがあります。これはいつでも膣と腸の関係を暗示しているのです。少女の場合によくみられることですが、ペニスをもちたいというまったく女性らしからぬ願望が、赤子をもちたいという願望に転換し、それがペニスを所有していて、赤子を与えてくれる男性にたいする願望に変わってゆく筋道をたどるのは、難しいことではありません。この願望の転換についても、もともとは肛門性愛的な関心だったものが、成長してから性器的な体制のうちにとりこまれることが明らかになっています。

このように、リビドーの前性器的な時期について研究することで、人間の性格の形成についても新たな洞察がえられるようになりました。わたしたちは、几帳面、倹約、頑固という三つ組の性格が、同じ人物にかなり規則的に現れることに注目していました。こうした人々を分析した後に、これらの性格は肛門性愛の利用や転用によって生まれたのだと推測するようになりました。そしてこれらの三つの性格が顕著な形で統一されている場合には、この性格を肛門性格と呼ぶようになりました。この肛門性格はある意味では、うまく処理されなかった肛門性愛と対比することができます。

また功名心の強い性格と尿道性愛のあいだには、同じような、あるいはもっと強い結びつきがみられます。この結びつきの顕著な実例は、ヘロストラトスという虚栄心の強い人物です。この男は名声をえたいあまりに、大いに賛美されていたエフェソスのアルテミス神殿に放火したのです（アレクサンドロス大王は、この夜に生まれたと伝えられています）。古代の人々は、こうした結びつきをよく知っていたかのようです。放尿が火や消火とどれほど結びついているかは、よくご存じでしょう。その他の性格特性も、同じような方法で、特定の前性器的なリビドー形式が沈殿したものとして、あるいはその反動形成として理解できるに違いないと考えていますが、まだみつかってはいません。

◆破壊欲動

そろそろこのあたりでリビドー理論の歴史というテーマに戻って、欲動の生のごく一般的な問題を検討したいと思います。初期のリビドー理論の土台となったのは、自我欲動と性欲動の対立でした。しかし自我についての研究を深めて、ナルシシズムの観点から検討するようになると、この対立そのものがその土台を失ったのでした。自我がみずからを対象として選びとり、みずからに惚れ込んでいるかのようにふるまう事例が、ごく稀ではありますが、確認されたのです。ギリシアの伝説からこれをナルシシズムと名づけることにしました。

ただしこれは正常な事態が極端なまでに強まったにすぎません。自我はリビドーの主要な〈容器〉であり、この〈容器〉から対象にリビドーが備給されるのです。対象に備給されたリビドーはやがて自我に戻ってくるのですが、リビドーの大部分は自我のうちにとどまったままであることが分かったのです。このように自我リビドーはたえず対象リビドーに転換され、対象リビドーは自我リビドーに転換されるのです。しかしそうだとすると、この二つのリビドーを性格の違いで区別することができないということになります。片方のエネルギーを他方のエネルギーと区別する意味はなくなり、リビドーという名称を使うのをやめることもできます。むしろ心的なエネルギーそのものを意味するものとして使えることにもなります。

しかしわたしたちはこの立場に長くとどまることはありませんでした。欲動の生の内部には明確な対立があるという予感から、もっと別の明確な表現が作りだされたのでした。欲動理論におけるこの新しい状況について、その前史からお話しするつもりはありません。ただ基本的に生物学的な考察を基礎とするものであることは、指摘しておきたいと思います。そしてここでは最終的な考察結果だけをお話しすることにします。まずわたしたちは、二種類の本質的に異なる欲動が存在することを想定しました。一つはもっとも広義に解釈した性欲動です。お好みであれば、これをエロスと呼んでもいいでしょう。もう一つは、破壊を目的とした攻撃欲動です。

こうお話ししても、とくに目新しいことではないと思われるかもしれません。愛情と憎悪という昔ながらの対立に、理論的に新しい衣装を着せただけにすぎないと思われるかもしれません。愛情と憎悪の対立というのは、物理学が無機物の世界で想定している牽引力と反発力という別の両極性と似たもののようです。しかしおもしろいことに、この愛情と憎悪の対立という主張が、多くの人にとっては革新的なものと判断されたのです。しかも好ましくない主張であり、できるだけ早く克服されるべき主張とみなされたのでした。

わたしは、このような拒否の背後には、強い感情的な要素が混じっていると考えています。人間に攻撃欲動があるということを認めるのに、なぜこれほど長い時間が必要だったのでしょうか。この公然たる事実はだれにも周知のことなのに、なぜこれを理論のうちで利用することが躊躇されたのでしょうか。こうした目標をもつ欲動があるのは「人間ではなく」動物であると主張していたら、それほど抵抗されることもなかったでしょう。しかし人間の本性にこのような欲動があると認めることは、忌まわしいことだと感じられたのです。多くの宗教的な想定にも、社会的な慣習にもそぐわないことだったのです。

とんでもない、人間の性格は生まれつき善であるはずだ、少なくとも温厚であるはずだというわけです。人間がときに残酷で、暴力的で、残忍にふるまうとしても、それは感情生活の短い混乱によるものであり、多くは挑発された場合にかぎられるというのです。あるいはこれは、人間が作りあげてきた社会秩序が目的にそぐわないために生まれたのだと主張されるのです。

◆サディズムとマゾヒズム

残念ながら、歴史が教えてくれる教訓も、わたしたちが実際に経験した出来事も、こうした抗弁を裏づけるものではありません。いずれもこの「性善説」が主張することは、誤った幻想の一つであるという判断の正しさを示しているのです。人間は現実においてはたがいに傷つけあっているにすぎないのに、人生を美化し、暮らしやすいものとしようとして、こうした幻想をもちこむのです。

ただしここでこの問題について議論をつづける必要はありません。わたしたちは歴史の教えと人生の経験にしたがって、人間には特別な攻撃欲動と破壊欲動があるという想定を擁護しようとしているわけではなく、サディズムとマゾヒズムという現象を評価しようと試みた一般的な考察に基づいて、こうした想定にたどりついたからです。ご存じのことと思いますが、わたしたちがサディズムと呼ぶのは、性的な対象が苦痛を与えられ、虐待され、屈辱を味わうという条件のもとで、性的な満足がえられることです。マゾヒズムとは、みずからを虐待の対象としたいという欲求が存在する場合のことです。

この二つの傾向が、正常な性的な関係にも、ある種の追加的な要素として存在するのは、よく知られていると思います。この二つの傾向が、ほかの性的な目標をおしのけて、唯一の目標として追求される場合にかぎって、これを倒錯と呼ぶのです。また、あたかも秘密の親縁関係でもあるかのように、サディズムは男性的なものと親しい関係にあり、マゾヒズムは女性的なものと親しい関係にあることも、お気づきになっておられることと思います。ただし、わたしたちがこの道をまっすぐにたどってきたわけではないことは、すぐにつけ加えておく必要があるかもしれません。この二つの傾向、すなわちサディズムとマゾヒズムは、リビドー理論にとっては実に謎めいた現象なのです。とくにマゾヒズムは謎に満ちています。ただし、ある理論にとって躓きの石となっていたものが、その理論を支える隅石となることも、珍しいことではないのです。

わたしたちは、サディズムとマゾヒズムは、エロスと攻撃欲動という両方の欲動が混じり合っている二つの傑出した実例だと考えています。そしてこの模範的な状況が示しているように、わたしたちが研究することのできるすべての欲動の動きは、この両方の種類の欲動が混合され、合成されたものであると想定しています。もちろんこの混合の比率はさまざまに変動します。そしてエロス的な欲動は、混合された欲動のうちに、多様な性的な目標をもちこんでくるのですし、攻撃欲動は、エロスの単調な傾向を緩和し、曖昧なものとする役割を果たすのです。

この想定によって、病理学的なプロセスを理解する上で大きな意味をもつ可能性のある研究の展望がひらけてきました。というのは、混合したものは崩壊することがあるからですし、混合した欲動が崩壊した場合には、［心的な］機能に重大な帰結をもたらすと考えられるからです。しかしこの観点はまだ登場したばかりですので、まだこれを分析作業に利用しようとした人はいないのです。

◆マゾヒズムの問題

さて、マゾヒズムが精神分析にもたらす特別な問題の考察に戻りましょう。ここでは当面は、マゾヒズムの性愛的な要素は無視しておきます。するとマゾヒズムは、人間には自己破壊を目的とする傾向が存在することを保証してくれます。自我はもともとすべての欲動の動きを含むものですから（ただし自我というよりも、ここではエスと、そして人格の全体と言うほうが適切でしょう）、そこには破壊欲動も含まれていることになります。するとマゾヒズムの起源は、サディズムよりも古いと考えられるようになります。そしてサディズムは外部に向けられた破壊欲動であり、これが攻撃性という性格をおびることになります。

最初から存在していたある程度の破壊欲動の一部は、自我の内部にとどまるのかもしれません。ただしこの「自我の内部に残された」破壊欲動をわたしたちが知覚するのは、次の二つの場合にかぎられるようです。すなわち破壊欲動がエロス的な欲動と結びついてマゾヒズムとして表現されるか、多かれ少なかれエロス的なものがつけ加わって、破壊欲動が攻撃欲動として外界に向けられる場合です。ところでこの攻撃欲動は、現実の障害物と衝突するために、外界では充足できない可能性があることの意味を考えるべきでしょう。この場合には［攻撃欲動は］おそらく後戻りして、内部で働く自己破壊の力を強めることになります。

実際にこうしたことが起きるのであり、このプロセスがいかに重要なものであるかは、やがてご説明するつもりです。攻撃が実現を妨げられると、重大な損害としてうけとられるのです。実際に人間は、自己破壊の傾向からみずからを防衛するために、他者や他の事物を破壊する必要があるかのようです。これは道徳家には悲しむべき知らせではあります。

◆反復強迫

しかし道徳家は、精神分析の理論が正しいはずはないと、これからも長いあいだ、みずからを慰めることでしょう。ある特別な欲動があって、その有機的な〈故郷〉である人間そのものを破壊しようとするなんて、考えられないことだと主張することでしょう。詩人たちはこうした傾向について語ることがありますが、詩人とは無責任な人々で、詩人の自由という特権を享受しているにすぎないというわけです。

しかし生理学でも、このような考え方は珍しいものではありません。たとえば胃の粘膜の自己消化という例があります。ただしこうした自己破壊的な欲動という理論に、もっと広範な裏づけが必要なのはたしかです。性的な欲望を満足するのに「マゾヒズムという」特定の条件を必要とする哀れな愚か者がいるからといって、このような重大な想定を主張することはできないからです。

わたしは、さまざまな欲動をさらに深く考察してゆけば、こうした裏づけがえられるものと考えています。欲動は心的な生だけでなく、植物的な生[12]も支配しています。そしてこうした有機的な欲動は、大いに注目する価値がある性格的な特徴を示しているのです。これが欲動の一般的な性格なのかどうかは、いまは判断することができません。ただしこうした欲動は、以前の状態を再現しようと努力していることが明らかになっているのです。ある状態が達成された後で、これが破壊されたとしましょう。するとその瞬間に、その状態をふたたび作りだそうとする欲動が生まれるのです。そしてこの欲動によって、反復強迫と呼ばれる現象が発生するのです。

たとえば胎生学的なプロセスは、ほんらいは反復強迫なのです。広範な種の動物には、喪失した器官を新たに再生する能力がそなわっています。またわたしたちが［疾患や負傷から］治癒することができるのは、［外部から］補助的な手段として治療が加えられるためだけではなく、［わたしたちの内部に］治癒欲動とでもいうものが働くおかげなのですが、この欲動は下等動物にきわめて強く残っている同じ欲動の名残なのです。魚類が産卵のために回遊するのも、おそらく渡り鳥が移動するのも、そしてもしかすると動物において本能の現れとみなされるすべてのものも、この反復強迫の命令によるのであり、この反復強迫は、欲動の自己保存的な性格の表現なのです。

人間の心の領域においても、反復強迫の表現はすぐにみいだすことができます。抑圧されて忘却されていた幼児期の経験は、分析の際に夢という反応として再生されますし、とくに感情の転移という反応として再生されることに、すぐに気づきます。こうした経験を再生することは、快感原則の利益に反することなのですが、これについては反復強迫が快感原則よりも強まったのだと説明してきました。

反復強迫に類似したものが観察できるのは、精神分析の世界だけではありません。特定の危害にたいして、生涯を通じてまったく同じ反応を、修正することなく反復する人がいます。本人は、過酷な運命に見舞われていると思っている場合にも、詳しく調べてみると、知らず知らずのうちにその運命をみずから準備していることもあります。その場合には反復強迫にデモーニッシュな性格があるとみなすのです。

◆二つの欲動再論

しかし、さまざまな欲動にみられるこうした自己保存的な性格は、わたしたちが検討している自己破壊の欲動を理解する上でどう役立つでしょうか。この欲動は以前のどのような状態を再現しようとしているのでしょうか。この答えはすぐにみつかりますし、それは新しい展望をひらいてくれる答えなのです。生命は、考えられないほどの遠い昔に、想像できないような方法で、生命のない物質から誕生したと言われますが、それが真実であれば、わたしたちの前提に基づくと、生命を消滅させて、無機的な状態をふたたび作りだそうとする欲動が、その時点で発生したはずなのです。

この欲動は「生命を滅ぼすという意味では」わたしたちが想定している自己破壊的な欲動であり、これはすべての生命プロセスの中で作動している死の欲動の現れと理解することができるのです。するとわたしたちが存在を想定している欲動は、二つのグループに分かれることになります。一つはエロス的な欲動であり、これは生きようとする物質をつねにより大きな統一体にまとめあげようとするものです。もう一つはこの営みに抵抗する死の欲動であり、これは生きているものを無機的な状態に戻そうとするものです。この二つの欲動の共働する機能と対抗する機能によって生命現象が生まれるのですが、その終末は死なのです。

この説明を聞かれたみなさんは肩をすくめて、それは自然科学じゃない、ショーペンハウアーの哲学だとおっしゃるかもしれません。しかしみなさん、冷徹で苦労の多い詳細な考察によって洞察できたことを、大胆な哲学者が見抜いていたとしても、不思議なことではないのです。それにこれらはすべてすでに語られていたことであり、ショーペンハウアー以前の哲学者たちも同じようなことを語ってきたのです。また、わたしたちの理論はショーペンハウアーの哲学そのものではありません。わたしたちは死が生命の唯一の目的であるなどとは主張していないのです。死とならんで生があることを見逃してはいないのです。わたしたちは二つの根本的な欲動の存在を認識しており、それぞれの欲動に独自の目標を認めています。

ただし、将来の研究課題として残されたものもあります。たとえば、この二つの欲動が生のプロセスにおいてどのように混じり合っているのか、死の欲動は攻撃欲動として外部に向けられるときに、エロスの意図にどのように適っているのかなどという問いは、まだ課題として残されています。展望はひらけたのですが、わたしたちはそこからまだ歩を踏みだすにいたっていないのです。ほかにも、自己保存的な性格が、すべての欲動に例外なくそなわっているわけではないのかとか、エロス的な欲動も、生きているものをさらに大きな統一体にまとめようとするときには、やはり以前の状態を再現しようとしているのではないのかなどの問題も、解決されていないのです。

◆無意識的な罪責感

わたしたちの考察は、土台から少し離れすぎたようです。この欲動論の考察の出発点がどのようなところにあったのか、さかのぼってご説明しておきましょう。わたしたちが自我と無意識的なものの関係を修正する必要があると感じたのは、患者の分析治療の際に患者が示す抵抗に直面したからでした。しかも患者は自分の抵抗をまったく意識していないことがとても多かったのです。そして患者は自分が抵抗していることを意識していないだけでなく、抵抗する動機についても意識していなかったのです。そこでこうした一つまたは複数の抵抗の動機について探る必要がありました。そして驚いたことに、抵抗の動機は［自分を］罰したいという強い欲求にあったのです。この欲求は、マゾヒズム的な願望の一つとみなさざるをえなかったのです。

この発見が治療の実務においてもつ意義は、理論的な意義に劣らず大きなものでした。というのも、この［自己］懲罰の欲求は、治療の試みに逆らうもっとも手強い敵だからです。この欲望は神経症と結びついた苦しみによって充足されていて、それだけにこの疾患から離れようとしないのです。その無意識的な［自己］懲罰の欲求という要因は、すべての神経症的な疾患に関与しているものと思われます。そして神経症的な苦しみが、別の種類の苦しみと交替しているある症例は、このことを説得力のある形で示すものでした。その症例について、お話ししようと思います。

もう一五年ものあいだ神経症の症状群に苦しめられ、ふつうの生活を送ることができなかったかなり年のいった娘さんを、分析によってこうした症状群から解放できたことがあります。健康になったと感じたこの娘さんは、まずまずの才能をそなえていたこともあって、名声と喜びと成功を享受しようと、ある分野で熱心に活動し始めました。しかしこの分野で名を揚げるには年をとりすぎていることを人から教えられたのか、みずから悟ったかして、彼女の試みはそのたびごとに失敗に終わったのでした。

こうした成り行きになると、疾患に後戻りするのが通例なのですが、この女性はそうならずに済みました。その代わりに、そのたびに事故が起きて、彼女はしばらく活動を停止して、患うことになったのです。転倒して足首を挫《くじ》いたことも、膝を怪我したことも、何か手仕事をしていて、手に傷を負ったこともあります。

彼女はこのような一見すると偶然の出来事の大きな原因が自分のうちにあることに気づくと、〈手法〉を変えたのでした。同じようなきっかけが起こると、今度は事故ではなく、軽い病気に、風邪とか、扁桃腺炎とか、流感とか、リューマチ性の腫れとかに悩むようになったのです。そしてついにその仕事を諦める決心をすると、こうした現象は亡霊のように姿を消したのでした。

この無意識的な「自己」懲罰の欲求がどのようなところから生まれたのかは、疑問の余地のないところでしょう。懲罰の欲求は良心と同じような働きを示します。わたしたちの良心は無意識的なものの中にまで根を降ろしていることから、これは良心と同じ場所から生まれたのだと考えられるのです。つまり攻撃欲動に内面化されて、それが超自我によってうけつがれたのだと思われるのです。それを奇妙な言い方ですが、「無意識的な罪責感」と呼んでみれば、実際のすべての告発状況をきわめて適切に表現することができるのです。

実のところ理論的には、外界から戻ってきたすべての攻撃欲動が超自我と結びついていて、これが自我に向けられるのか、それとも攻撃欲動の一部は自我やエスの中に残って、自由な破壊欲動として無言のうちに不気味な活動に従事していると考えるべきなのか、迷っているところなのです。攻撃欲動の一部は自我やエスの中に残ると考えるべきだと思われるのですが、確実なことは分からないのです。

そもそも超自我が最初に形成されるときのことを思いだしてみてください。この超自我という審級が形成されるためには、子供のうちで両親に向けられた攻撃の一部が利用されたのはたしかですが、子供は愛情の固着のために、外的な障害物のようには、この攻撃を外部の両親に向けることができなかったのです。ですから超自我の厳しさは、たんに両親による教育の厳しさによるものと考える必要はないのです。そしてのちに攻撃欲動を抑圧するたびごとに、欲動がかつてのあの決定的な瞬間に開かれた道をたどるのは、大いにありうることなのです。

無意識的な罪責感が非常に強い人は、分析治療の際に治療に好ましくない消極的な反応を示すものであり、予後的な判断でそのことが分かるのです。患者に症状の意味が解明されたことを伝えますと、通常の場合には少なくとも一時的には症状は消滅するはずなのです。しかしこうした患者の場合には、逆に一時的に症状が悪化し、苦しみが強くなるのです。

それればかりかこのような患者に、治療における態度を褒《ほ》めたり、分析の進行状況について期待できるような言葉をかけたりすると、逆に症状がはっきりと悪化することが多いものなのです。分析の経験のない人なら、「治ろうとする意志」がないのだと判断するでしょう。しかし精神分析の考え方では、患者のこうした態度は無意識的な罪責感の現れであるとみなすことはお分かりでしょう。この無意識的な罪責感にとっては、患者が苦しみ、障害を抱えていることこそが正しいのです。

無意識的な罪責感がもたらす問題、とくに道徳、教育、犯罪行為、非行などにおいてこの罪責感がどのような役割を果たしているかという問題は、現在の精神分析の世界でとくに重視されているテーマです。思いがけずにわたしたちは心の奥深くの世界から、世間の明るい場所に出てきてしまいました。これで今回の講義は終えることにしますが、最後にもう一つだけ考えていただきたいことがあります。それはわたしたちの文化が、性的な傾向を犠牲にして構築されているということです。社会は性欲動を阻止するのですが、たしかにその一部は抑圧されるものの、残りの部分は新しい目標のために利用できるようになっています。精神分析の世界ではしばしばこの問題について話し合ってきました。

またわたしたちは、この文化がもたらした成果に誇りを感じていながらも、文化の要求をすべて満たすのはたやすいことではないし、この文化の中で快適に暮らすのは困難であることも認めてきました。その理由は、文化は欲動を制限することを求めるのですが、それが心的に重い負担となるからです。ところでわたしたちは性欲動だけでなく、もう一つの欲動、すなわち攻撃欲動も、性欲動と同じ程度に、あるいはさらに激しく犠牲にせざるをえないのです。攻撃欲動は何よりも、人間の共同生活を困難にしますし、その存続を脅かすものだからです。共同生活にたいする攻撃欲動を制限することは、社会が個人に要求する最初の犠牲であり、おそらくもっとも困難な犠牲なのです。

わたしたちは、攻撃欲動という御しがたいものが、どのように巧みに制御されているかを確認してきました。［心的装置のうちに］超自我を形成し、これが危険な攻撃衝動をみずからに引き寄せるのです。さらにいわば暴動が発生しやすい場所には、番兵を配置しておくのです。他方で純粋に心理学的に考察してみれば、自我はみずからの欲求を社会のために犠牲にしたのであり、攻撃欲動の破壊的な傾向を抑圧しなければならなかったのですから、自我は社会において居心地悪く感じるわけです。自我は攻撃欲動の破壊的な衝動をほんらいなら他者に向けて行使したかったはずなのです。

これは、有機的な生物の世界を支配している食うか食われるかというジレンマが、心的な領域に持ち込まれたような状況なのです。幸いなことに、攻撃欲動は単独に発揮されることはなく、つねにエロス的なものと混じり合っています。エロス的な欲動によって、人間が作りだした文化のさまざまな条件のもとで、多くのものを緩和し、防止しなければならないのです。

訳注

(1) フロイトは『精神分析入門』の第二五講で不安について説明している。そこでは、不安の感情は「運動性の神経支配」と、運動行為の感覚と直接的な快と不快の感覚を含むものであると説明している。放出とは、興奮によって心的な装置にもたらされたエネルギーが外部に放出されることである。神経支配とは、心的なエネルギーが神経エネルギーに転換される生理的な現象である。

(2) フロイトは前記の第二五講で、ヒステリー発作は、個体がある回想を沈殿させて発生するが、不安は「個体の前史に属するものではなく、種の前史に属するもの」(『フロイト著作集1』人文書院、三二六ページ)であり、普遍的な性格をそなえていると指摘している。

(3) フロイトによると、「出産行為が不安感情の源泉であり、原型である」(『精神分析入門』第二五講。邦訳は前掲書、三二七ページ)。この不安は母親の不安ではなく、生まれてくる赤子の不安である。「出産行為のときには、不快感、出生の興奮および身体感覚などの集合化が行われるわけですが、これが生命の危険の原型となり、それ以来、不安状態としてわれわれによって繰り返されるのです」(同。邦訳は同書三二六ページ)。幼児は母親の子宮を出る瞬間から、すでに死の恐怖を味わっており、これが不安の源泉だとフロイトは考えるのである。またフロイトによると不安(アングスト)というドイツ語は、狭さを意味するラテン語(アングスティアエ)から派生したものであり、出生時の息苦しさを意味しており、「毒素による不安」だという(同)。

（4）シャーンドル・フェレンツィ（一八七三～一九三三）はハンガリー生まれの精神医学者。フロイトの理論に賛同し、国際精神分析協会の会長をつとめた。邦訳には『臨床日記』（森茂起訳、みすず書房）がある。

（5）潜在期とは、男根期と性器期の中間の期間で、小児性欲が衰退してから、思春期が始まる時期を指す。この期間には性的な活動は低下し、道徳や芸術にたいする関心が高まるとされている。

（6）目標を制止された欲動とは精神分析の用語で、外的な障害や内的な障害のために欲動がほんらいの目標を対象として充足を経験することができない状態にあるときに、その目標と類似しているが、同一ではない目標に向かって進み、そこで充足をえることを意味する。フロイトは優しさや社会的な感情は、この目標の制止によって生まれると考えている。

（7）器官快楽は、部分欲動が自体愛的な形で充足されるものである。ある性感帯は他の性感帯とは独立して充足されることができる。フロイトは幼児性欲の本質的な特徴はこの器官快楽にあると考えている。たとえば指しゃぶりは、食物を摂取するという口と唇の機能とはまったく独立した形で、口と唇の興奮を鎮めるために行われる。

ジャック・ラカンはこの概念をさらに深めており、精神分析の重要な概念となる。

(8) カール・アブラハム（一八七七〜一九二五）はドイツの精神医学者。ユングの紹介でフロイトの精神分析グループに入り、死ぬまで忠実な同僚としてフロイトを支えた。邦訳には『アーブラハム論文集　抑うつ・強迫・去勢の精神分析』（下坂幸三・前野光弘・大野美都子訳、岩崎学術出版社）がある。アブラハムが肛門体制と口唇体制におけるサディズム期を提案した論文は「精神疾患の精神分析に基づくリビドー発達史試論」（一九二四年）である。

(9) フロイトは一九一九年の『精神分析講義』の第二三講「症状形成の経路」において、リビドーは幼児性愛の活動と体験に退行することで、抑圧を打ち破ることを指摘していた。リビドーの固着は、遺伝的な素質と、幼児期のトラウマ的な体験の二つの要因によって生まれると考えるのである。『フロイト著作集1』の二九五ページ以降、とくに二九八ページを参照されたい。

(10) 糞便への関心と金銭への愛着との密接な関係については、フロイトの「性格と肛門愛」や「欲動転換、特に肛門愛の欲動展開について」（いずれもフロイト『エロス論集』中山元訳、筑摩書房）を参照されたい。

(11) ルー・アンドレアス＝ザロメ（一八六一〜一九三七）はロシアで生まれたドイツ系の作家で、精神分析も手掛け、晩年はフロイトと親しかった。ニーチェとリルケから求婚されたことでも有名である。以文社から『ルー・ザロメ著作集』五巻が邦訳されている。

(12) アリストテレスは『霊魂論』（二巻二章）において、生命の様態として植物的な生、動物的な生、人間的な生の三つの分類を示している。植物的な生は栄養的な能力、動物的な生は感覚的な能力、人間的な生は思考能力を特徴とする。動物は植物的な生もそなえているし、人間にはこの三つの生が重層的に存在していると考えられている。

解説――エロス（生の欲動）とタナトス（死の欲動）

中山　元

▼序

一九一五年はフロイトにとっては大きな転換期の始まりだった。それまでにフロイトは症例ドラに始まり、ハンス少年、狼男、鼠男、そしてシュレーバー症例にいたるまで、主要な症例分析を終えていたし、『性理論三篇』で欲動の理論も確立された。エディプス・コンプレックスの概念もさまざまに展開され、精神分析の理論は完成しかけているようにみえた。

しかし第一次世界大戦が勃発した翌年のこの年から、フロイトのうちで大きな理論的な変革の試みが芽生えてきたのである。いわば後期のフロイトの理論構築の営みであり、これはフロイトのうちでは「メタ心理学」という言葉で呼ばれていた。

本書『人はなぜ戦争をするのか　エロスとタナトス』と既刊の『幻想の未来／文化への不満』は、この後期のフロイトの理論的な構築の試みを跡づけようとするものである。本書『人はなぜ戦争をするのか　エロスとタナトス』では、フロイトの後期の心的装置論と欲動論を紹介しながら、人間のうちで働くエロスとタナトスの力をフロイトがいかに分析し、考察していったかを調べてみようとする。また文明論集の一冊目にあたる『幻想の未来／文化への不満』では、フロイトがオーストリア帝国の崩壊の後に、西欧を襲った反ユダヤ主義の嵐に耐えながら、宗教のもつ謎をどのように解こうとしたかを跡づけている。

なお本書ではアインシュタインとの往復書簡を最初に掲げているが、この解説ではほぼ年代順にフロイトの理論の深化を跡づけることにする。

▼第一章　第一次世界大戦のもたらしたもの——「戦争と死に関する時評」（一九一五年）

●戦争と学問界

一九一四年から始まった第一次世界大戦は、それまでの歴史の様相を一変させるような帰結をもたらすものであったが、フロイトが理論的にとくに関心をもったのは次の二つの点である。一つは、それまで文明的と思われていた西ヨーロッパの諸国において、近代的な戦争技術の到来とともに、伝統的な道徳的な基準が崩壊したことだった。もう一つは、総力戦として銃後の人間まで戦争にまきこまれ、人々が死に直面するようになるとともに、西洋社会における死についての考え方が変貌してきたということである。

「戦争と死に関する時評 1」(一九一五年)でフロイトは、同時代のこの巨大な変革をまざまざと描きだす。一八七一年の普仏戦争後にドイツが統一されたときには、まだプロイセンのフリードリヒ大王の軍隊と同じ次元にあった軍隊が、第一次世界大戦においては、まったく現代的な軍隊に変貌していた。毒ガスなどの化学兵器が登場し、消耗戦が展開され、総力戦のうちで現代的な銃火が一般市民まで巻き添えにした。

このような新しい事態に直面してフロイトはいくつかの点で衝撃をうけたのだった。まずフロイトは、学問すらナショナリズムの走狗となったことを指摘する。「学者たちまで、その冷静な公平さを失ったかのようである。きわめて激しい感情につき動かされ、学者たちは学問を敵と戦うための武器として利用しようとしているのである。文化人類学者は、敵を劣等で堕落した民族と宣言する始末であり、精神医学者は敵を精神障害者とか、心的な障害者と決めつけるありさまである」（四二～四三ページ。なお以下では本書のページ数を括弧に入れて示す）。

●道徳の崩壊

しかしそれは学者たちだけの姿勢ではない。西洋の文明国は、「新たにより大きな〈祖国〉を作りだし」（四六ページ）、もはや文明世界では野蛮な戦争は起こりえないと信じられてきた。しかし「どの戦争に劣らず残酷であり、破壊的で、情け容赦のない」戦争が始まると、「平和なときには義務として定められ、国際法と呼ばれていたあらゆる制約が踏みにじられた」（四九～五〇ページ）のである。

そしてこれはナショナリズムの嵐の問題だけではなかった。国家は国民には禁じていた不正な行為を平然と犯すものであることを明らかにしたのだった。「戦争を遂行した国家は、個々の国民が行った場合には名誉を失うことになるあらゆる不正と暴力に手を染めた」（五一ページ）のである。そして共同体が悪を批判しなくなれば、「人間は残酷で悪辣な行為を、裏切りと野卑な行いを、平然と犯すようになる」（五三ページ）のである。

このように第一次世界大戦における国家と国民の道徳性の崩壊は、フロイトに大きな衝撃を与えたのだった。ここでフロイトの考察は二つの方向に分岐する。それはこの問題を欲動論として考察しようとする方向と、死の問題として考察しようとする方向だった。

まずフロイトは、人間の欲動の本質を考えるならば、国民の道徳性も共同体の規範も崩壊したのは、無理からぬことだと指摘する。

そもそも人間は倒錯した存在であり、利己的な欲動の充足を満たすことを望む存在なのである。だからまがりなりにも人間に道徳性が形成されることこそが、不思議なことであり、説明が必要なことだと、フロイトは考える。

それでは人間はどのようにして道徳的に善き人物になるのだろうか。それには内的な要因と外的な要因が存在する。内的な要因は、悪しき欲動、利己的な欲動が、「エロス的な成分」と混じり合い、他者からの愛を求めることによって、「社会的な欲動」に変貌するというメカニズムである（五七ページ）。

外的な要因とは、教育による強制である。これは大きな意味では文化が人間にもたらしたものと言いうるだろう。「文化環境からの直接の影響の力」で、人間は利己的な欲動を放棄することを学ぶのである。人間には生まれつきの文化的な適性と、人生において獲得する適性がある。生まれつきの文化的な適性が人間の性善説の根拠だとすると、人間が獲得する適性は、人間の「利己主義から利他主義への変貌」（六〇ページ）を可能にするものである。

●偽善者の文明

フロイトは人間が本性からして善であるとは信じていない。人間はそもそも他者を犠牲にしてでも自分の欲動を充足させようと願う存在だというのが、フロイトの基本的な視点だからだ。だから善人として行動している人も、実は心の底から善人であるわけではなく、さまざまな理由から、あたかも善人であるかのようにふるまっているだけだというわけである。

こうした理由としては、他者のまなざし、他者の愛を獲得したいという欲望、善人であれと教える教育、善人であるかのごとくにふるまうことによってえられる利得などが挙げられる。だとするとこうした人は、「客観的には偽善者と呼ばれてしかるべき」なのであり、「現代文化はいわばこうした偽善に頼って構築されている」（六二ページ）のである。

だから戦争で人々が野蛮で残酷なふるまいをしたとしても、それに衝撃を感じるのは、人間の本性が善であるという「幻想」が壊れたことを自覚していないだけにすぎない。人間はつねに幼児の段階に「退行」して、自分の欲動を満たしたがるのである。こうして第一次世界大戦で明らかになった道徳性の崩壊は、精神分析の見解の正しさを改めて裏づけるものとなったと言えるだろう。フロイトの結論は苦いが、みずからの理論の正しさを示す苦さとなったのである。

●死の効果

フロイトはこの戦争からうけた衝撃を考えるためのもう一つの道筋として、「戦争と死に関する時評 2」では死の問題を検討する。西洋の文明世界では、死は直視すべきでないもの、口にすることも禁じられたものとされてきた。これについてはフランスの歴史家のフィリップ・アリエスが『死を前にした人間』で、西洋の死生観の歴史を分析しながら、詳細に展開している。(1) しかし戦争があらわにしたのは、禁忌されていた死が、だれにも確実に訪れるものであるということだった。

フロイトは死が日常の出来事となり、だれもが死に直面せざるをえない状況から、西洋文明における死にたいする偽善的な姿勢が崩壊したことを指摘する。死はもはや目を背けることのできないものとなったのである。死というものは実は人間の深いところを規定していたのである。

さらにフロイトは、文明の誕生が、死と深い関係にあることを指摘する。そもそも人間の文化は、見知らぬ他人の死、たんに数で報告される死ではなく、愛する者の死によって、死という冷徹な事実に直面せざるをえなくなったことによって誕生したものだったのである。愛する者の死の辛さに耐えるために、人間は霊魂というものを思いついたのだった。人間が死後の世界や彼岸や輪廻《りんね》というものを考えついたのは、愛する者が完全に滅びたと考えるのが苦痛であり、どこか別の世界で生きていて、自分が死んだらまた愛する者に再会できると信じたいからではないか。人間はその意味では不死であると思い込むことによって、死の厳しさを否定しようとするのである。これが愛する者の死がもたらした第一の効果だった。

プラトンは、人間が悪をなすのではなく、善をなすべき理由をうまく説得することができず、『国家』ではエルの物語を語ることによって、死後の裁きの怖さを強調し、善を行うべき理由を示したのだった。プルタルコスもまた、死後の世界を否定するエピクロスの理論に反駁《はんばく》しながら、人間の霊魂が不死であるのでなければ、悪人は悪を行うのをやめないだろうと指摘していた(2)。

カントにいたるまで、この世の不公平さ、善人が損をして、悪人が得をする現状を償うには、人間の魂が不死であることを前提にせざるをえなかったのである。死はその意味では摂理に対する信仰、神の存在に対する信仰をもたらすものとして、宗教の根のところにあるものなのである。

そして人間はいまなお、自分が死ぬことを信じていない。「無意識」は死を知らないのである。それでいて無意識のうちでは他者の死を願っているのであり、無意識的な願望からすると、わたしたちは「殺人者の群れ」なのである。この無意識的な願望が兵器となって人を殺す力をえていたならば、善男善女や高貴な女性たちからもあまねく発せられるこの死の光線によって、「人類はとっくに滅んでいたことだろう」(九〇~九一ページ)と、フロイトは苦々しい。

フロイトは愛する者の死がもたらす第二の効果として、人間の罪の意識を挙げている。人はだれでも愛する者の死において、自分の罪深さを感じるものだ。それは精神分析の理論の根底にあるアンビヴァレンツのためである。アンビヴァレンツは、愛情と憎悪が同居している状態を指す。愛する者にたいする激しい愛情の裏側には、愛する者への憎悪が隠されているのがつねなのである。

愛する者の死は、死を防げなかった自分にたいする悔いの念と同時に、自分の愛情の背後に控えていた憎悪を意識にもたらすとフロイトは考える。そして『トーテムとタブー』の結論を繰り返すかのように、「同時にこうした愛する者の死は、ある意味では原始人にとって正当なものだった。愛する人物のうちには、ある疎ましさが潜んでいたからである」（八〇ページ）と指摘するのである。愛する者の死は、こうした疎ましさを自覚させることで、罪意識の根源となり、良心や道徳の根となるとフロイトは考えるのである。

フロイトは第三の効果として、愛する者の死が明確な道徳的な掟をもたらすと考える。モーセの十戒には、「汝殺すなかれ」という戒律が含まれるが、それはこの愛する者にたいする悲哀の背後に隠れていた「憎しみの充足」にたいする反応（八五ページ）として定められたものだという。

掟が定められるということは、禁じなければ人はだれでもそれを実行することが想定されているからであり、フロイトはこの掟は他人にたいする掟ではなく、愛する者の顔をみつめながら、ひそかにその死を望むアンビヴァレントな欲望を禁じたものだと解釈しているのである。

●死と精神分析

やがてフロイトは「喪とメランコリー」の論文で、この愛する者の死にたいする人間の反応を詳細に分析することになる。この戦争と死についての考察では、このアンビヴァレントな葛藤から生まれるのは神経症であることを指摘する。精神分析の治療では「身内の者の幸福にたいして繊細すぎる配慮を示す患者や、愛する者が亡くなった後で根拠のない自責の念に苦しめられる患者たちの治療にどれほど苦労させられたことだろうか。精神分析医たちはこうした症例の研究から、現代人が無意識のうちに愛する者の死を強く望んでいること、そしてこうした願望が広まっていることを疑わなくなったのである」(九三〜九四ページ)というわけである。そして「喪とメランコリー」では、喪の仕事に従事していた人にある心的な条件が追加された場合には、鬱病が発生することを詳細に考察するのである。

　戦争は、人間の古層をむき出しにするものであり、他者を敵とみなし、敵に死をもたらすことを禁じるどころか、奨励するものである。だから戦争を一つの教訓として、一つの好機として、死にたいする姿勢を変えるべきではないかとフロイトは提案する。「死にふさわしい場所を与え、死にたいする無意識の態度を、これまでのように抑圧することに心を配るのではなく、もっとはっきりと示したほうがましなのではないだろうか」（九五ページ）。死にたいする偽善的な姿勢を放棄し、死に直面するのでないかぎり、道徳性の崩壊はふたたび起こるだろうというのがフロイトの暗い予想であり、この予想は第二次世界大戦の際に、まさしく実現するのだった。

▼第二章　人間の自己破壊的な欲動——「喪とメランコリー」（一九一七年）

●喪の仕事の特徴

　一九一七年に発表されたこの論文は、愛する者の死が与える衝撃をいかにして「喪の仕事」によって解きほぐしていくかを考察するとともに、だれもが直面するこの打撃が、病へと移行する機構を分析するものである。それと同時にこの論文は、死と自我にたいするフロイトの考察を一挙に深めることになった（日本ではメランコリーというと、メランコリックな気質のようなイメージが強いが、ドイツ語では主に鬱病という病を指す。そのため本文では基本的に鬱病と訳している）。

現代は愛する者の範囲が広がっていて、愛する対象は人間であるとは限らなくなっている。ペットロスの多くの「症例」が示しているように、相手が人間でなくても、人は病にかかったのと同じような状態になるのである。ともに暮らしていた猫が、犬が（あるいはときにはハムスターでも）死ぬと、何か大きなものが失われたように感じるものであり、その状態から回復するためには、長い「喪の仕事」が必要になるのが通例である。

この「喪の仕事」は、精神の病のようにみえる場合もあるが、愛する者を失った人間が失う前と同じように過ごしているほうが「異常」にみえることもある。「喪の仕事がきちんと行われ〈ない〉ことのほうが、理に適わないこと、有害なことだと考えているほど」（二〇一ページ）なのである。しかしだれもがその衝撃から回復するためには、長い道程をたどるものなのである。

この喪の仕事では、「深刻な苦痛に貫かれた不機嫌さ、外界への関心の喪失、愛する能力の喪失、あらゆる行動の抑止と自己感情の低下」（一〇二ページ）などの症状がみられる。愛する者を失った苦しみに貫かれると、不機嫌になるのは避けられないことだし、愛する者の代わりとなるものを見つけるほうが適切だとしても、外界には関心を喪失し、もはやだれも愛せないと感じるものである。そして死者の思い出とかかわりのないことには興味を失い、行動する必要も感じなくなることが多いものだ。

この喪の仕事の背景にあるのは、愛する者に向けられたリビドーの再転換の営みである。喪の仕事に従事している者は、現実を吟味することで、愛する者がもはや存在しないことを認識する。理性的に判断するかぎり、存在しないものにリビドーを向けつづけるのは非合理的なことである。だからリビドーを死者から解き放つべきだと理性は命令する。しかし人間は、リビドーを一度向けた対象から解き放つことには抵抗を感じるものである。それは、愛する者にたいするかつての自分の愛情を否定するように感じるからであり、自分を不実だと思うからでもある。こうした抵抗が強くなると、愛する者がもはや存在しないことを認めようとせず、失われた対象にリビドーを固着させながら幻覚をみるようなこともあるのである。

しかし通常は、リビドーを対象から解放することに成功する。「長い時間をかけて、備給エネルギーを多量に消費しながら、一歩ずつ」（一〇四ページ）リビドーを解放する作業がつづけられる。「そのあいだは失われた対象が心のうちに存在しつづける。リビドーが結びつけられていた対象を追想し、追憶しつづける作業のうちで、こうした感情が停止し、変形される。やがて備給されていたリビドーがあふれだし、解放されていく」（同）プロセスを経過するのである。

●鬱病（メランコリー）の特徴

ところがこの喪の仕事に失敗する場合がある。その場合には鬱病が発生することになる。この鬱病の特徴は二つあると考えられる。一つは、喪の仕事の場合には、失われたものが何であるかは、その主体にとって明確に認識されているし、他者からみても明らかである。猫のミケが死んだのなら、失われたのは猫のミケであり、ほかの人にもそのことは分かる。しかし鬱病の場合には、何が失われたのかが、本人にとって明確でないことが多いのであり、ましてや他者にとっては理解できない。

あるいは患者が何が失われたかを認識している場合にも、何を喪失したのかが、認識されないこともある。「患者はだれを喪ったかは分かっているのだが、自分が何を喪失したのかを理解していないことがあるからである。このように鬱病は、意識されない対象の喪失にかかわるものである」（一〇五ページ）。このために鬱病は他人からみると「謎めいた印象」を与えるのである。

鬱病と喪の仕事の第二の違いは、鬱病では「異例なほどの自己感情の低下と、自我の顕著な貧困化が発生するが、喪の仕事にはこのような特徴はみられない」（一〇六ページ）ことにある。鬱病の患者は、みずからを否定し、卑下し、告発する。喪の仕事では空虚になるのは外界であるが、鬱病では「貧しくなるのは自我そのものなのである」（同）。これは「自責と自己への軽蔑として表現され、ときには妄想的に自己の処罰を求める欲求にまで高まることもある」（一〇二ページ）ほどである。

●良心の病

自我の中にあって、自我を告発し、否定するのはどのようなものなのだろうか。フロイトはそれがだれにでもそなわっているはずの良心の審級だと考える。「この審級そのものが単独で病む」（一一〇ページ）場合があることが問題なのである。フロイトはまだこの時点では心的装置におけるこの審級に明確な名前をつけていない。しかしこれが良心の審級だとすると、それがのちに超自我と呼ばれるようになる審級であることは明らかである。

この良心と超自我という審級は、人間の道徳の源泉だとされている。しかしそれではこの審級が「病む」というのは、どのようなメカニズムによるのだろうか。フロイトはここで重要な一歩を進める。そこにナルシシズムという概念を導入するのである。フロイトは一九一四年にすでに『ナルシシズム入門』で、この自己愛のメカニズムを分析していた。そこで新たに提示されたのは、ナルシシズムが対象選択よりも「前に」あるということだった。むしろナルシシズムが対象選択を決定すると言うべきなのである。「すべての人間に一次ナルシシズムとでもいうものがあり、それがその人物の対象選択において優勢なものとして現れてくる可能性がある(3)」のである。

だからこの論文の重要な結論は、自己にたいする愛であるナルシシズムは、他者にたいする愛よりも根源的なものであることだった。しかしだれも自己だけを愛していることはできない。それが心のメカニズムなのである。自己愛に閉じこもることは死と狂気を招くことなのだ。そこで人は他者を愛することを学ぶのである。

人は対象を選択し、ナルシシズムのもつリビドーをこの対象に固着させる。この対象を喪失した場合には、苦痛な時間を費やして、対象を諦め、別の対象にリビドーを向け変えるという仕事が必要になる。しかしこの仕事がうまくゆかないことがある。対象を喪失して解放された「リビドーが別の対象に移されるのではなく」（一一三ページ）、最初のリビドーの〈宿〉だった自我に引き戻されるのである。

このとき、鬱病の患者は完全なナルシシズムに戻るわけではない。主体は対象を諦めることなく、自我のうちに対象の「影」を作りだし、これがあたかも対象そのものであるかのように思い込むのである。こうして自我が分裂し、対象の「影」が病んだ良心の審級と一体となって、自我を告発するようになるのである。

●自己告発のメカニズム

このメカニズムは複雑な形で説明されている。ナルシシズムのエネルギーは自我の中に作りだされた影に向けられるが、そのときに主体は幼児期の性的な体制の一つに退行しているとみられる。フロイトはこの体制は口唇期だと考え、対象を貪り食べるカニバリズム的な状況が発生していると想定する。「鬱病の特徴は対象へのリビドーの備給がまだナルシシズム的な口唇期のリビドー段階に退行することにある」（一一五ページ）のである。

このカニバリズム的なリビドー段階は、サディズム的な傾向を特徴とする。母親の乳房を食いちぎるほど噛《か》む幼児は、愛する相手にたいするアンビヴァレントな欲望にかられている。対象を愛するあまり、それを食べてしまいたいと願う心には、愛する者にたいする強い憎悪が働いているはずである。鬱病の患者は、対象を放棄できないほどに愛するあまり、失った対象を自我の中にもちこむ。そして自我にリビドーを備給するというナルシシズムに戻るのであるが、このときリビドーが備給される相手は、自我そのものではない。自我の内部に作られた対象の「影」である。そして「自我を罵倒し、侮辱し、苦しめることで、サディズム的な満足がえられるのである」（一一七ページ）。

しかし鬱病の患者が告発し、批判するのは自己そのものではなかっただろうか。ここには心の病に特徴的な一つの逆転が起きているに違いないとフロイトは考える。鬱病の患者が告発する言葉は、実はその周囲にいる人々にあてはまることが多いことをフロイトは指摘する。「自分のようなできそこないの女と結婚して、あなたがかわいそうだ」と語る妻は、「それがどのような意味で言われたとしても、もともとは夫ができそこないだと告発しているのである」（一一一ページ）。鬱病の患者は、自己を告発するふりをしながら、愛する他者を告発しているのである。「彼らが自分を卑下して語るすべての言葉は、基本的に他者を指して語られているのであるから、それを語ることを恥じることも、隠すこともないのである」（一一二ページ）というわけだ。

だから自我の中にある審級は、自我を告発しながら、自我のうちに取り込んだ対象の「影」を告発する。その告発の激しさは、対象にたいする愛情の激しさでもある。愛情が深いほど、憎悪もまた深いからだ。このメカニズムの背後には、愛する者を憎悪する自分にたいする罪の意識が控えている。これがこの自己告発をさらに強め、立体的なものとするのである。

友人を失ったとき、愛する者を失ったとき、愛するペットを失ったとき、その喪失の原因も理由も理解できているはずなのに、愛する者を喪失させた自己にたいする厳しい告発に悩まされることが多いものだ。愛する者を失った人で、あのときこうしておけば……とか、あのとき自分がこうしたのが隠れた原因だったのではないか……などという後悔の念に苛《さいな》まれなかった人はいないだろう。「そして愛の対象を喪失した責任が自分にあり、そのことを自分が望んだのであるという自責の形を必ず示すようになる」(二一六〜二一七ページ)ものなのである。

●自殺願望

さて少し整理してみよう。ナルシシズム的な素質が高いと、対象から解放されたリビドーは他の対象ではなく、自我に撤退して、幼児的な口唇期のカニバリズム的な段階に退行する。このとき、自我の中に取り戻されたリビドーには二つの「運命」がある。「同一化へと退行するか、あるいはアンビヴァレントな葛藤の影響のもとで、その葛藤に近いサディズムの段階に戻るのである」(二一八ページ)。

第二の場合には、自我はサディズム的な欲望を発揮して、諦めきれずに自我の中に作りだした対象の「影」を告発する。しかし自我は対象にたいしてアンビヴァレントな感情を抱いている。そのために対象を失った自分にたいする非難の気持ちから、対象の「影」そのものではなく、対象を失った自我を告発するようになるのである。

この場合には患者は、奇妙な立場に立たされることになる。ナルシシズム的なリビドーはそもそも、自己を愛するエネルギーである。しかしこの強いエネルギーが、自己をあたかも仇敵であるかのように苛《いじ》め、咎《とが》めつづけるのである。「対象へのリビドーの備給を自己に向け変えることで、自己を対象として扱い、対象に向けられていた敵意を、対象としての地位を占めるようになった自己に向け変えること」（一一九ページ）ができるのであり、鬱病患者は自殺衝動に駆られることになる。

これで、神経症には自殺願望はほとんどみられないが、鬱病にはしばしば自殺願望が伴う理由が解明されたことになる。自我はナルシシズムのリビドーで充満しているのに、自我のうちにある審級が手厳しく自我を責めつづけ、ついに主体を自殺にまで追い詰めるのである。そのエネルギーがナルシシズムであるというのが、何とも奇妙な逆説である。

●自己破壊的な欲望の源泉

フロイトは鬱病の患者のうちに、自己愛から自殺願望にいたるメカニズムを解明することができたと考えていた。しかしこのメカニズムはナルシシズム的な素質の強い鬱病の患者だけに限られるものだろうか。人間にはだれにも、ある種の自己破壊的な欲望、自分そのものを殺してしまいたいという欲望が存在しているのではないだろうか。フロイトの次の課題は、このいわば形而上学的な問いに向けられることになる。

その重要なきっかけとなったのが、第一次世界大戦で大量に発生した戦争神経症の症例である。現代的な技術戦争となったこの戦争は、兵士たちにそれまでにみられない大きな心的な負荷をかけるものだった。大砲による砲撃は隣にいた仲間を一瞬にして吹き飛ばしてしまう。化学兵器が初めて使われたのもこの戦争だった。透明な空気が一瞬にして毒に変化する。長時間の塹壕《ざんごう》での待機と突撃、肉弾戦での敵の兵士の殺《さつ》戮《りく》など、兵士たちの心的な負荷はそれまでの戦争では想像もできないものだった。

この心的な負荷の大きさのために、多数の戦争神経症の患者が発生した。身体が麻痺し、行動できなくなり、発話能力までも失われる例も多かった。これは最初は仮病とみなされ、電気ショックによる治療が効を奏するかのようだった。たしかに兵士たちは電気ショックの苦痛よりも、前線で戦うことを選んだのだった。しかしこの「治療」もやがて効かなくなる。兵士たちは、前線で戦うよりも辛い症状を示し始め、苦しめられるようになったのである。

こうした神経症が器質的なものではなく、心的なものであることが確認されるとともに、精神分析の意義が医学界でも承認されるようになった。一九一八年にブダペストで開催された国際精神分析学会は、「政府の正式な代表が出席した最初の大会」だった[4]。精神分析は、「陸軍病院に配属され、シェルショック〔戦争神経症〕に陥った兵士たちを目の当たりにした医師たちの熱烈な支持をえていた」[5]のである。

フロイトは依頼されて、電気ショック療法の無効性を指摘し、精神分析的な療法の価値を主張する文書を書いているが、この疾患はフロイトにとっては別な意味で重要なものだった。戦争神経症の患者たち、そして大きな事故などを経験した外傷神経症の患者たちは、戦争や事故などのトラウマ的な経験を何度でも反復して想起し、夢にみるのである。フロイトの『夢の解釈』(邦題『夢判断』)の重要な結論の一つは、夢は欲望の充足であるというものだった。それでは、このトラウマの夢はどのような欲望を満たしているのだろうか。それとも『夢の解釈』[6]の夢理論はまったくの間違いだったのだろうか。むしろ「自我の謎めいたマゾヒズム」を想定する必要があるのだろうか。

これはフロイトに解きがたい謎を提示するものだった。その後のフロイトはこの謎を解くことに全力を傾けつづける。後期のフロイトの理論は、この謎解きのうちから誕生するのである。そのための道筋は三つあった。強迫的な反復というメカニズムを考察すること（本章）、不安をもたらす抑圧の心的な装置（超自我）の病について考察すること（第三章参照）、そして死を望む欲動という仮説を検討することである（第四章参照）。

●反復のメカニズム

主体にとって思いだすことも苦痛な出来事を、夢の中で何度も反復する不思議な営みについては、フロイトは不思議な（それでいて普遍的な）解決策を提示する。フロイトは『快感原則の彼岸』では、外傷神経症の患者が夢の中で苦痛な出来事を反復する理由を考察しながら、孫のエルンストの糸巻き遊びを紹介している。エルンストは糸巻きに紐をつけて、ベッドの下に転がしてみえなくなると「オー」と言い、紐を引っ張って糸巻きが姿を現すと「アー」と言うのだった。フロイトはこの「オー」はドイツ語の「フォールト」（いない）であり、「アー」は「ダー」（ここにある）だと解釈する。エルンストはいわば一人で「いないいないばあ」をやっていたのだった。

フロイトが注目したのは、「アー」よりも「オー」のときに孫が嬉しそうだったということである。フロイトの解釈では、その当時エルンストの母親が留守がちになっていたために、エルンストは糸巻きを母親にみたてて、母親を「いない」にして喜んでいたのだという。「置き去りにされる」という受動的な経験を、「捨てる」という能動的な経験にすることで、克服しようとしたというわけである[7]。

ラカンはこの「いないいないばあ」の遊びのうちに、子供がみずから死を認識し、そこから言語を獲得するにいたるプロセスを読み取る秀逸な解釈を展開している。「幼児は環境の具体的話の体系の中に自分をはめ込むことを始め、彼のいない Fort! と彼のいた Da! の中に、多かれ少なかれ近似的に、彼が環境から受容する語を再生産する」のである。この遊びは「子供が言語活動において誕生する時点[8]」を象徴的に示しているのである。

フロイトもこの遊びは、母親の死を予感する営みであったことを示唆していることからも、ラカンのこの解読は裏づけられるだろう。幼児は言語を習得するプロセスにおいて、母の死と自己の死を意識のうちで反復せざるをえないのである。反復という行為には、自己の死を繰り返し想像のうちで経験するという意味があるかもしれないのである。

しかしフロイトは、反復という営みにもっと別の意味をみいだそうとする。反復せざるをえないのは、一つの強迫神経症の症状でもあるからだ。何度でも手を洗わずにいられない患者、自宅の鍵をかけたかどうか心配になって、家を数歩しか離れることのできない患者など、強迫神経症にはこうした症例は多い。

こうした反復の営みを作りだしているメカニズムとその力動的なエネルギーについては、この解説の第四章の「反復強迫」のところで考察することにして（三二〇ページ以下）、ここではフロイトが論文で示しているもう一つの道筋について検討したい。その手掛かりになるのは、戦争神経症は転移神経症の一つであり、自我の葛藤によって生まれるものだという見解である。この神経症では「自我は自分のリビドーそのものを、おのれを脅かすかに思われる敵であると考える」(9)のである。「恐れられているのは……一つの内部の敵」(10)なのである。それではこの自我の内部に潜む「敵」とはだれか。それはもちろん「喪とメランコリー」で語られていた分裂した自我の中にあって、病んだ審級である。この審級の問題を考察しなければ、この謎は解かれたとは言えないだろう。この審級についての後期のフロイトの理論を要約したのが、抑圧をもたらす心的な装置について分析した『精神分析入門・続』の第三一講「心的な人格の解明」である。

▼第三章　後期の局所論――「心的な人格の解明」（一九三三年）

●第一局所論

フロイトは心について以前から局所論的な分析を行っていた。局所論というのは、心をあたかも一つの装置であるかのように考えて、この装置における心のさまざまなプロセスの働く「場所」を考察しようとするものである。まずフロイトが考察したのは、意識されるものと意識されないものという区別である。そもそも心は最初は無意識的なものの「マッス」（かたまり）として存在する。しかし心の現実に近い部分は、外界に刺激され、外界にたいして注意を払っているために意識的なものとなるのである。

しかし心の深い部分は無意識的なありかたをつづけて、心の表層に近い部分が意識的なものとなると考えられる。これが局所論的な区別の最初の試みである。しかし、「そもそも意識的なプロセスというものも、多くはごく短いあいだしか意識されていない」（一六六ページ）ものである。そしてすぐに「潜在的なもの」（同）になるが、これは記憶というメカニズムによって、意識に「呼び戻す」ことができるものである

〔この呼び戻すという用語にも場所のイメージがあることに留意されたい〕。フロイトはこれは真の意味での「無意識的なもの」ではないと考えるために、「前意識的なもの」という名称を与える。

これで心の三つの「領域」が確定されたことになる。意識、前意識、無意識である。ただしこの区別はあくまでも〈記述的な〉もの(一六八ページ)である。それは意識されるかどうかという特徴によって記述し、説明しているにすぎないのである。無意識的なものというものがどのような特性をそなえているのかは、「意識されない」というトートロジー的な説明しか与えられない。それが心の深い場所にあるというのも、一つのアナロジーにすぎないのである。

●第二局所論

しかし一九一五年以降の「メタ心理学」時代にはフロイトは、この三つの領域の局所論に加えて、新たな審級に基づく別の局所論を展開するようになる。これが第二局所論と呼ばれる理論である。これは記述的な性格のものではなく、力動的な性格のものので、たんに心的な装置の場所だけではなく、それがもつエネルギーについても考察しようとするのである。

こうして「人間の心的な装置は三つの王国、分野、領域に分類されることになります――超自我、自我、エスです」（一七〇ページ）という新しい局所論が提示される。フロイトはこの三つの王国と、以前の記述的な領域の区別を重ね合わせた図を提示しているが（一八三ページ）、この分類は簡単に図示できるようなものではなかった。エスは完全に無意識的なものとされているが、「自我と超自我の一部は、力動的な意味では無意識的なものであるという発見」（一六九ページ）のために、この二つの分類は「明確な対をなしていない」ことが明確になっているからである（フロイトの地理的な比喩も、あまり説得力はない。たんに混じり合っていることしか語っていないのであり、対応関係についての洞察を深めるものではないからである）。

さて、この三つの領域はどのようなものだろうか。まずエスは「カオスであり、沸騰する興奮で満ちたボイラーのようなもの」（一七二ページ）である。ここは欲動のエネルギーで満ちており、「快感原則をひたすら守りながら、欲動の欲求を充足しようと努力」（一七三ページ）している混沌の場である。

かつて無意識の特徴とされたことの多くがこのエスに割り当てられる。エスはこれという肯定的な形で、その特徴を示すことができず、否定的な形でしか語りえないものである。この領域では「論理的な思考の法則は適用でき」ず、矛盾律は適用できない。「対立する動きが併存」（同）している場である。

さらにエスには「否定のような役割を果たす」ものが存在しない（同）。すべては充足を目指す欲動のエネルギーで満ちていて、その欲動を否定する要素は存在しないのである。また無意識は時間を知らないとされていたが、エスにも同じく「時間の観念に相当するもの」が存在しない。「エスから外にでることのなかった願望の動きも、抑圧されてエスの内部に沈められていたさまざまな外界の印象も、あたかも不死であるかのように、数十年が経過した後も、まるで生まれたばかりのような状態を保っている」（一七三～一七四ページ）のである。またエスは「価値判断を知らず、善も悪も知らず、道徳というものも」知らない（一七四ページ）という特徴がある。

次に、自我はどのような特性をそなえているだろうか（フロイトはときに心的な装置の全体、すなわちエス、狭義の自我、超自我の全体を自我と呼ぶことがあるので留意されたい）。自我はエスの一部だったが、「外界に近いために、外界の刺激をうけて修正された部分であり、刺激を受容し、刺激から防御するための装置」となったものである

（一七六ページ）。エスは快感原則にしたがうが、自我は外界との接触のために現実吟味を行い、現実原則にしたがって、エスに外界についての情報を与え、警戒を促す役割を果たす。「エスが欲動の満足をひたすら追求した場合には、エスは破滅を免れることはできない」（同）ためである。自我は主体の過去の経験を記憶している場所であり、そこには時間的な要素が存在する。そして自我は心の装置の内部に含まれる「さまざまな心的なプロセスを統括し、統一しようとする」（一七七ページ）点で、盲目的なエスと大いに異なる。主体の自己同一性はここで形成されるのである。エスが制御できない情熱の場とすると、「自我は心的なプロセスにおける理性と分別《ふんべつ》を代表する」（一七八ページ）のである。

最後の審級が超自我である。超自我の形成プロセスについてはフロイトはかつての両親の審級との同一化によって説明することが多い。同一化は、「ある自我が別の自我と同じようなものとなろうとすること」（一五一ページ）であり、対象となる自我を手本として模倣し、自己の中に取り入れるプロセスである。

この同一化は「他者との結びつきの非常に重要な形式の一つであり、おそらくもっとも原始的な形式」（一五二ページ）である。これは対象選択とは異なる。少年が父親と同一化した場合には、父親のように「なろう」とするが、父親を対象選択した場合には、父親を愛する対象として「もとう」とし、父親から愛される存在になろうとするのである（同）。

ただし対象選択と同一化はまったく別なものではないことは、すでに「喪とメランコリー」で説明されていた。選択した対象を喪失した場合には、「その対象と同一化して、みずからの自我のうちに対象をふたたび作りあげることで、その損害を償う」ことができるからである。これは「対象選択がいわば同一化まで退行した」（一五三ページ）ということであり、これが鬱病の重要なメカニズムだったのである。

さて幼児はどのようにして両親の審級を自己の内部にとりこみ、それと同一化するのだろうか。この同一化は、エディプス・コンプレックスの克服のプロセスにおいて発生するのだと想定されている。幼児は母親との強い結びつきを感じているが、母親と結ばれることはできない。父親が存在し、父親がライバルとなっているからである。そこで幼児は父親を殺し、母親と結ばれようとするエディプスの欲望を、父親の存在のため、そして去勢の恐怖のため、放棄するようになる。

そして幼児は、母親をひとりじめしている父親の立場に立つのである。この立場に立たなければ、母親と結ばれることはできないのだが、父親と同一化するということは、母親との愛をひとたび放棄するということでもある。そのときに、幼児は自分の欲動を放棄し、それまでは両親が外から禁じていたことを、みずから内面において禁じるようになる。両親の審級が内面化し、この審級が「かつての両親のように、自我を監視し、操縦し、威嚇する」（二五〇ページ）ようになるのである。これが、超自我とフロイトが呼ぶ審級である。

この超自我の審級の形成は、「正常なもの」とされているが、これは、去勢不安と両親の審級との同一化の後に初めて可能となる「二次的な」ものにすぎない。ということは、人間にはほんらいは道徳心のようなものはなく、道徳とは二次的に形成されたものにすぎないということになる。

●超自我の特性

この超自我にはいくつかの特性がそなわっている。これは両親の「力と仕事と、その方法までをひきついだ」ものであるが、この審級には両親のもっていたような愛情深さがまったく欠如しているのである。この超自我は「両親の審級の厳しさと厳格さだけを、禁止し、処罰する機能だけを、一方的にうけついだ」（二五〇ページ）かのようである。

さらにこの超自我は、両親だけでなく、教育者や幼児が理想的な手本とした人物をとりいれたものとなり、両親という個人の特徴を次第に失って、「いわば非個性的なもの」（二五四ページ）となるという傾向がある。内面化された超自我は、良心のような働きをするようになるのである。そのために超自我の審級はあたかも神の声のような超越的な響きをそなえるようになる。こうしてキリスト教と良心は深いところで呼び合うようになったのである。

この超自我には三つの機能があるとされている。「自己観察、良心、理想という機能」（二五八ページ）である。精神病の患者のうちには、注察妄想に悩まされる人々がいるが、これらの人々はたえず外部の「未知の力」によって観察され、その観察結果が幻聴として聞こえると訴える。これはこの超自我の自己観察の機能が外的なものとされたことによって生まれるのである。

第二の良心の機能は、超自我のもっとも重要な機能であり、道徳性はここから生まれる。この機能の恐ろしさは、他者には秘めることのできるはずの心のあらゆる動きが、自我の内部の超自我にはつつぬけだということである。罪を犯したことと、罪を犯したいと思ったこととの区別が意味をもたないのである。「みだらな思いで他人の妻を見る者はだれでも、既に心の中でその女を犯した」[11]のであり、そのことをもっともはっきりと知っているのは、超自我から厳しく告発された自我なのである。

第三の理想の機能は、文化の誕生を支える根源的な役割として重視されているものである。「自我は自我理想を模範として、それとの距離を計り、模倣します。そしてますます完全なものとなることを促す自我理想の要求を満たそうと努力する」（一五五ページ）のであるが、この自我理想を担うのが超自我の審級なのである。人間は自己の欲動の充足を諦めて、文化的な営みにそのリビドーを使うことがある。これは昇華と呼ばれているが、自我に昇華を可能とするものが、この審級の重要な役割である。

このようにエスは強力な欲望のカオスであり、自我は自己同一性を維持するものであるが、超自我は良心と文明の根源であり、エスや自我に劣らないきわめて枢要な任務を担っていることになる。フロイトは超自我の形成が「運命的な意味をもつ心理学的な事実」（一五八ページ）と結びついていると指摘している。それはエディプス・コンプレックスを克服することで、両親との同一化を実現しなければ、超自我が形成されないからである。そして幼児がエディプス・コンプレックスを適切な形で克服しなかった場合には、「超自我の形成に歪みが発生し、その力も弱くなる」(一五四ページ)とされているのである。

●三人の暴君

しかしこの超自我はときに主体にとっては大きな悩みの種となることがある。自我にはそもそも三人の主人がいる。自我はなんとかしてこの三人の「暴君」、すなわち「外界、超自我、エス」に仕える術を工夫しなければならないのである。これは自我にとっては、「三つの危険」となる。

まず自我はエスにたいして外界の要求を代表しなければならない。しかし自我は同時に「エスの忠実な召使」(一八〇ページ)であり、できるかぎりエスの欲動を満たしてやり、そのことによって、エスのリビドーを自分に向けようと努力しているのである。

それに現実の世界も容赦のない主人である。この文明的な社会はなんとも暮らしがたいものだが、それは人間にさまざまな身体的な苦しみをもたらすだけでなく、この社会で生きる他者との軋轢《あつれき》もまた、大きな苦しみの源泉なのである。この文明社会に生きる人間の苦しみと、こうした苦難がもたらす不安に対処しようとする宗教の問題は、『幻想の未来』や『文化への不満』で正面から考察されることになる。

しかし人間の自我にとってとくに困難な問題をもたらすのが、超自我という暴君である。超自我は主体に厳しい道徳的な要求をつきつけ、いかなる言い逃れも許さない。とくに鬱病の重要な原因となるのが、この超自我が異様なまでの強い要求を自我につきつけることである。超自我は「哀れな自我を叱りつけ、卑しめ、虐待します。自我にきわめて重い刑罰を覚悟させ、かつては見逃されていた遠い昔の行為について激しく咎める」（一四六〜一四七ページ）ことによって、患者についに死という逃げ道を選ばせることすらあるのである。

▼第四章　欲動論による説明──「不安と欲動の生」（一九三三年）

●三つの不安

フロイトはこのように、鬱病の背後にあると考えられる主体の自己否定的な要因が形成される道筋を、反復と超自我という観点から考察したが、この考察の終点ともいうべきものが「死の欲動」という概念であった。すべての人間には生を望む欲動とともに、みずからの死を望む欲動が存在するというのが、最晩年のフロイトの確信だったのである。この欲動の理論を要約したのが、「不安と欲動の生」という講義（第三二講）である。

この講義の前半では、不安の問題が考察される。同時代のハイデガーが『存在と時間』（一九二七年）で「不安においてひとは〈不気味〉なのである」と指摘したように[12]、人間の感じる不安にはある不気味なものが含まれるのであり、それは存在論的な意味をそなえた情緒なのである。フロイトはこの不安とは何よりも自我の不安であることを指摘する。

すでに考察されたように、自我は三人の暴君に仕えることを求められる。「二君に仕える」ことですら困難であるのに、たがいに無理難題をつきつけている三人の暴君に仕えることは至難である。自我は外界から超越することはできないし、内部にあるエスの要求を退けることもできない。そして外部から見守っているようなふりをしながら、心的な装置の内部に住み込んでいる超自我には、悪しき欲望を感じることも隠せないのである。

自我はどうにもならなくなると、突発的に不安を起こすことで防衛しようとする。「外界にたいしては現実不安を」、エスにたいしては神経症的な不安を、「超自我にたいしては良心の不安を」ひき起こすのである（一八一ページ）。

●現実不安

現実不安というのは、「外部から危害が加えられることが予想された際の反応として、自然なもの」（一九一ページ）と思われるだろう。主体は危険にそなえて、注意力を研ぎ澄まし、運動機能を緊張させる。しかしすぐに危険が発生しないために、不安反応が起こるのである。

この反応には二つの「終わり方」がある。一つは、実際に不安を発生させる反応である。これは不安信号であり、山の中で不審な物音を聞いた子鹿のように、一目散に逃走するか、雄鹿のように角を前に出して防衛し、攻撃する身構えをするのである。これは危険にたいする現実的な対応である。

ところがもう一つの終わり方として、不安の発生が、唯一の反応となって逃走や防衛の姿勢をとれなくなることがある。その主体の「心の古い層がその人を支配する」(二九二ページ)ようになり、麻痺状態に陥ってしまうのである。これは反応としては目的にそぐわないものであるが、それは、不安が人間の心の古い部分から発生するとみられるからである。

個体にとっては不安は、母親の胎内から出産されたときの不安な反応にまでさかのぼるものであり、さらに不安はその個体に限るものではなく、人間という種に由来するものであることがある。フロイトが『精神分析入門』の第二五講で指摘しているように、不安は「個体の前史に属するものではなく、種の前史に属するもの」である。その意味では個体にとっては、危険を予測した反応でありながら、何が怖いのかが明確に理解できず、どのような行動もとることができなくなる場合があるのである。

●神経症的な不安

次に、神経症的な不安は、現実の脅威に基づかない不安である。主体は何か危険があると予測しているために不安にかられるのだが、その危険が主体の内部に潜んでいるものであるため、現実不安の場合とは異なり、他者からみても何が危険と感じられているのか、ほとんど理解できないのである。フロイトはこうした神経症的な不安として、三種類を挙げている。

第一のものは、「自由に浮動する一般的な不安感」（一九二ページ）である。これは一般に不安神経症と呼ばれるものであり、本人にとっても、何が怖いのかわからないものである。哲学者のエマニュエル・レヴィナスは夜の暗闇の中で、「不在の現前としての闇」の中で、人が感じる不安を「空虚の密度のようなもの、沈黙のつぶやきのようなもの」に触れた恐怖として描き出したことがある。不安は、ハイデガーが主張するような死への恐怖から生まれるのではなく、「存在すること（イリヤ）の恐怖」[13]から生まれるかもしれないのである。この不安神経症はまさに、「存在することそのもの」の不安である。

第二のものは、フォビア（恐怖症）である。フロイトが分析した[14]ハンス少年は、馬に嚙まれるのが怖くて、街路にでることもできなくなってしまったのだった。馬に嚙まれることが現実にありうるとは考えられないし、少年にもその可能性の低さは理解できても、身体的に不安の反応を示してしまうのである。

フロイトはこの現実不安も恐怖症の不安も、リビドー的な興奮が発生し、それが使われないために生まれるのだと考える。「満たされなかったリビドーが直接に不安に変わる」（一九四ページ）というのである。

第三のものは、「ヒステリーとその他の神経症にみられる不安」（一九五ページ）であり、長くつづく不安状態として現れるものである。フロイトはこの不安はリビドーそのものではなく、主体のうちで特定の観念が禁止され、抑圧されたために生まれると考える。抑圧された観念そのものは、まったく識別できない形で歪められて、別の観念の顔をして現れるが、その観念に付着していたある特定の量の情動（攻撃的な情動や愛情）が不安に姿を変えるのだと考えるのである。

しかしフロイトはさらに考察を深める。神経症の不安と現実不安の違いは、危険が外部にあるのか、内部にあるのかという違いだった。しかし神経症の不安において恐れられている危険についてさらに分析すると、患者はその危険が自分の外部において実際に存在していると考えているらしいことが理解されるのである。他者にとってはそれが現実のものではないと考えられても、患者がそれを現実のものとして理解しているのであれば、それは現実不安と異なる性質のものではない。

フロイトはそのことを恐怖症のハンスの例で説明している。ハンス少年は母親から

「おちんちんを切ってもらいますからね」と脅されたのだった(15)。そしてこの去勢不安が、去勢を施すはずの父親への不安に転化し、これが父親と同じように髭《ひげ》を生やして眼鏡をかけているようにみえた馬車馬にたいする不安として表現されたと分析されたのである。

●良心の不安

すでに指摘しておいたように、第三の不安は良心の不安である。この不安のプロセスはこの文章ではほとんどふれていないが、「制止・症状・不安」という一九二六年の論文で立ち入って考察している。フロイトによると、良心の不安は、表面的には罪の意識を隠蔽するための強迫的な儀礼として現れるが、もっと深い死の不安という哲学的な形で表現されることもあるという。

まず良心の不安は、とくに強迫神経症の症例において、特別な就寝儀礼や反復的な手洗いの習慣などとして表現されるとフロイトは考える。主体はある好ましくない表象を意識するのであるが、これはすでに自我によって抑圧されているために意識に上ることがない。

だから主体は自分にはやましいところがないと考えている。しかし超自我にたいしては、ある罪深さを感じるのである。「自我は一方では無罪なことを知っているのに、他方では罪の感じをおぼえ、わけのわからない責任をおう」(16)。そして「自我が贖罪行為や自己の処罰のための節約などの一連の新しい症状によって、罪の意識を自覚せずにいられる」(17)のである。強迫神経症のさまざまな儀礼は、超自我にたいする不安に対応した罪の意識を自覚しないための手段なのである。

さらにフロイトは、良心の不安は形而上学的な装いのもとで、「死の不安」として姿を現すことを指摘する。死の不安は去勢不安と同じような意味をもつ。自我は超自我のすべての命令にしたがうことはできない。どこかでごまかさねばならないのである。しかし自我がそう考えていることは、超自我には「お見通し」なのである。自我の思考は超自我には透明になっているからだ。

そのために自我は超自我からの保護を失う可能性に絶えず直面していることになる。そして超自我から見放されるということは、その審級の起源であった両親の保護から見放されるのと同じことを意味する。「自我が反応するその状況は、保護者である超自我、すなわち運命の力から見捨てられることであり、このためにあらゆる危険にたいする保障がなくなってしまうということである」[18]。こうして良心の不安は、死の不安と直接に結びつくのである。

この良心の不安については、この論文の翌年に発表されたハイデガーの『存在と時間』がさらに立ち入って考察している。ハイデガーは不安という情緒は、人間が自己の死の可能性に直面し、実存の不可能性の可能性に脅かされつづけることだと指摘している。「現存在が不安という情動性のうちにあるのは、おのれの実存の可能的な不可能性という無に」、すなわち死に直面しているときなのである[19]。

そして死に直面した人間（現存在）は、日常性に埋没しているみずからの生を深く顧みながら、「良心の声」に耳を傾けるようになる。「良心は、ただ沈黙しつつ呼ぶ」[20]のであり、「良心の不安という事実は、現存在が呼び声の了解において、おのれ自身の不気味さに当面させられていること」を確認するのである[21]。

フロイトは「不気味なもの」という文章では、人間のさまざまな情動の動きが抑圧によって不安に変化させられることを指摘しながら、抑圧されているだけに[22]、その主体をさまざまな形で襲う不安こそ、「まさにあの不気味なもの[23]」であることを洞察していた。この不安において、「死の威力を断固として否定する」空しい試みが繰り返されるのである。

●欲動の基本理論

これらの不安はすべて自我において発生する。この章の最初で不安が三つの審級と関係するものであることを確認しておいた。外界と自我の関係から生まれる現実不安、エスと自我との関係から生まれる神経症的な不安、超自我と自我との関係から生まれる良心の不安はいずれも、自我が三人の暴君との対応に対処しきれなくなった際に生まれるものだった。

このように不安とは、局所論的な観点からみた自我の苦痛の表現なのであるが、フロイトは不安について考察しながら、ついには死への不安という形而上学的なところにまで到達したのだった。この解説では、主体がついには自己を否定し、自己を破壊するにいたる道筋について、反復強迫、超自我の病という二つの道筋を検討してきたのだが、フロイトが示した第三の道は、皮肉なことに死への不安の裏返しとしての死への欲動だった。

中期までのフロイトの意識・前意識・無意識という第一局所論は「記述的な」もの

だが、後期のフロイトが提示した自我・エス・超自我という第二局所論は「力動的な」ものだった。ということは、それぞれの審級はたんに場所的なものとしてではなく、エネルギー的なものによって動かされているということである。

フロイトの不安の概念の背景にあるのは抑圧という概念だった。主体はエスの欲動を満たすことができずに、それを抑圧せざるをえないが、その背後で指示しているのは三人の暴君だった。そして自我はそれぞれの抑圧の場において不安を感じるのである。

不安の問題を解明するということは、この抑圧がどのようなプロセスで、どのようなエネルギーを備給されながら行われるかということだと言い換えることができるだろう。フロイトはこの講義の前半で不安について考察しながら、そのプロセスを解明してきた。次に問題となるのは、その抑圧のエネルギーがどこから生まれているかということである。この問題を考察するのが、この講義の後半で展開される欲動論である。

この欲動の理論は、不安の理論よりもさらに解明が困難なものである。不安は現実に患者が経験しているものであり、そのさまざまな現れ方によって、ある程度は症状に基づいて、あるいは現象学的に考察することができる。しかしその背後にある力動的なエネルギーについては、その現象の現れに基づいて考察することはできない。まったく思弁的な考察にならざるをえないのである。

フロイトもそのことを自覚しているのであり、そのために欲動の理論は「精神分析の神話」であることを最初に断っている。「欲動は神秘的なものであり、きわめて規定しがたいものです。分析作業においては、欲動から一瞬たりとも目を離すことはできないのですが、それでいて欲動をはっきりと見定めることもできない」（二一八ページ）のである。

この道筋は波乱に富んでいるが、しばらくフロイトとともに歩んでみよう。まずフロイトが提示するのは、人間の基本的な事実として、自己保存を求める心と愛情を求める心があるという仮説である。この仮説によると、人間には自己保存と種の保存を目指す「自我欲動」と「性欲動」（二二〇ページ）という二つの基本的な欲動が存在することになる。

ここでいくつか欲動に関連した定義を確認しておこう。欲動とは、「特定の方向に向かって迫る特定のエネルギー量」（二二一ページ）であり、外的な刺激とは異なり、それから逃げることができないものである。この欲動には「源泉」と「目標」と「対象」が存在する。欲動の「源泉」は、「身体の興奮状態」である。たとえば性的な興奮、飢えや渇きなどの興奮である。この興奮は充足されること、すなわち解消されることを求めて主体に訴えかける。欲動の「目標」は、この興奮の充足であり、解消である。そして欲動はさまざまな「対象」で解消される。

　欲動の概念でもっとも難解なのが「対象」という概念だろう。対象とは、欲動がそこにおいて、あるいはそれを通じて、興奮の解消という目標を実現できるものである。性的な対象は他の人物であることも、みずからの身体であることもある。飢えや渇きのような興奮にとっての対象は、食べ物や飲み物であり、あるいは身体の部分である口唇や喉などである。ときには幻想的な対象でもある。

　この欲動はさらに高次な形で充足されることがある。社会的に高く評価される作品や名誉ある行為によって実現される場合には、「昇華」（二二二ページ）と呼ばれるし、同胞愛や友愛や心の優しさのような形で実現される場合には、「目標を制止された欲動」（同）と呼ばれることになる。人間のさまざまな文化的な営みは、欲動の対象の可塑性によって可能となっているのである。自己保存的な欲動の多く、とくに飢えと渇きはすぐに充足されることを求める「頑固」な性格（二二三ページ）をそなえているが、性的な欲動はさまざまな別の欲動の充足によって「代理される」ことができる「柔軟性」(同)を特徴とするのである。

●性的体制

しかしこの柔軟性は逆の意味では、さまざまな性的な倒錯の源泉ともなる。人間はその発達のさまざまな段階で、性的な欲動の充足を退行させ、固着させることがあるのである。フロイトの発達段階論は大きく分けて、口唇期、肛門期、男根期、性器期に分類される。口唇期(〇歳~二歳)は、乳児が母親の乳房から母乳を吸う段階である。この段階はさらに、口唇的な刺激だけに満足している段階と、母親の乳房を嚙むという「口唇サディズム期」に細分することができる。乳児は母親の乳房を愛しながら、それが奪われることが多いために、それに復讐し、憎み、嚙みつくというアンビヴァレンツを示すのである。この時期からは、口唇的な刺激だけにこだわる性倒錯が発生する。

肛門期(二歳~四歳)は、受動性と能動性という対立が発生する時期である。フロイトはここでアブラハムの理論によりながら、この時期を肛門からの排泄がもたらす

「破壊と喪失」の時期と、肛門での排泄を我慢することから生まれる「保持と所有」の時期に分類している（二二六ページ）。肛門愛という性倒錯は、当初はこの時期における排泄の快楽と、排泄を抑えることで、愛する者からの感謝と報奨をうけとることの快楽に結びついているとされるのである。トイレの躾《しつけ》において、幼児はみずからの肛門を制御することにおいて、「対象への愛情の備給」（同）を行う術を学ぶのである。

男根期（四歳〜思春期前）は、部分欲動が性器に集中する時期であるが、子供はこの時期では性器としては男性の性器《ペニス》しか知らないという意味で、思春期以降の性器的な体制とは異なる。男児はペニスを所有している者であり、女児はペニスを所有していない者である。女性の性器の存在は知られていないのであり、女性はペニスを去勢された存在とみなされる。このためにこの時期では去勢コンプレックスが大きな役割を果たすことになる。

思春期以降の性器期において、初めて女性の性器の存在が認識され、性的な活動が全面的に開花することになる。しかしそれまでの道程ではさまざまな倒錯と退行が発生する可能性があるのである。

●新しい欲動のペア

しかしこの欲動の基本理論はナルシシズムの考察を通じて修正されるようになる。自我が性的な欲動の対象として、みずからを選択することがあるためである。フロイトは性的な欲動のエネルギーだけをリビドーと名づけており、リビドーを性的なものに限るべきではないとするユングの理論には反対しつづけてきた。しかしメランコリーとナルシシズムの考察から明らかになってきたのは、リビドーはもともと自我のうちにあり、自我から対象にリビドーが備給されるが、対象を喪失した場合には自我に戻ってくるということだった。しかも自我のうちに対象に備給されずに、自己愛として表現されるリビドーが多量に残っていると考えるべきだと結論されたのだった。

そうであれば対象リビドーと自我リビドーはもとは同一なものであり、たがいに転換されうるものだということになる。するとこの二つのリビドーを区別する意味はなくなり、「リビドーという名称を使うのをやめることもでき」（一三三ページ）ることになる。そしてユングに同意して、リビドーという語は心的なエネルギーそのものを意味すると考えることになる。

フロイトは困惑したが、この問題を解決するために、思い切った方法に訴える。人間の欲動が二つの対立する欲動であるという枠組みだけは変えずに、もっと別の欲動のペアを考えようというのである。

そこでフロイトが自己保存の欲動と性欲動のペアの代わりとして提示したのが、広義の性的な欲動であるエロスと、破壊的な欲動である攻撃欲動のペアである。ここで自我欲動に代わって登場した破壊欲動は、外部の他者に向けられる欲動であるサディズムと、自己に向けられる欲動であるマゾヒズムに分けられる。どちらも破壊的な欲動とエロスが混合したものであるが、フロイトがとくに注目したのが自己破壊的な欲動であるマゾヒズムである。それが自己に向けられ、みずからを殺すことを望むような特性をそなえているからだ。

ただしフロイトは、サディズムとマゾヒズムをそれほど明確に分離できないと考えている。他者に向けられた破壊的な欲動は、さまざまな制約のために充足できない傾向があるからである。法律や規則は、社会の成員の自由な破壊欲動の行使を許容しない。これは社会の共同体の存続を脅かすからである。また共同体の一員として、超自我を形成した個人は、その内的な道徳律と超自我の威嚇、そして他者からの愛情の喪失の恐れのために、破壊欲動の行使を諦めざるをえないことが多いのである。

その場合には、外部に向けられた破壊欲動はどうなるのだろうか。それは内部に向けられて自己を破壊しようとするマゾヒズムの力を強めることになるだろうとフロイトは考える。現実の障害物に直面した攻撃欲動は「おそらく後戻りして、内部で働く自己破壊の力を強める」（二三九ページ）ことになるのである。「人間は、自己破壊の傾向からみずからを防衛するために、他者や他の事物を破壊する必要がある」（同）かのようであるというのは、フロイトの炯眼《けいがん》だろう。人間は遊戯、スポーツ、ちょっとした賭博、投機などの模擬的な破壊行動で、自分の中にある破壊的な欲動を満足させてやる必要があるかのようである。

●反復強迫

フロイトが「喪とメランコリー」にみられた自己破壊的な傾向を説明するための一つの方法として、反復強迫を挙げていたことは、すでにみたとおりである。その際にその反復のメカニズムは分析されたが、その反復を強迫的に実行するエネルギーの力動的な考察は行われていなかった。一九一七年の時点ではまだ性欲動と自己保存欲動のペアで考えていたので、それを欲動の観点から考察することができなかったのである。

しかし人間の基本的な欲動として破壊欲動を考察することによって、この反復強迫のメカニズムを解明する新しい道が開けることになった。欲動には「以前の状態を再現しようと努力」（二四〇ページ）する傾向が内的にそなわっていると考えるのである。たとえば胎生学的にみて、動物には「喪失した器官を新たに再生する能力」（二四一ページ）がそなわっていること、医学的に人間や動物が治癒する能力をもっていること、これらはすべて以前に存在していた状態を復元し、反復しようとする本能的な動きの表現だと、フロイトは考える。

これは表面からみると、喪失した器官を再生させようとする欲動であり、自己保存的な欲動、生の欲動（エロス）のようにみえる。しかしフロイトはそこに大きな逆転をもちこむ。人間の生命は遠い昔に誕生したのだが、それ以前には無機物の状態だったに違いない。この無機物の状態は死であり、そこから生が誕生したのである。

これまでは、人間の生が失われようとすると、生を保存するような欲動が作動すると指摘されてきたのだった。しかし生が成立したときにも、何か失われたものがないだろうか。そう、死が失われたのである。それならば生のうちには、失われた死を反復しようとする強迫も存在しているのではないだろうか、というのがフロイトの思考の道筋である。

●局所論と反復論の組み合わせ

このようにフロイトは死の欲動（タナトス）を、生命をもつ有機的な存在である人間が、無機的な死の状態を反復しようとする強迫的な衝動として解釈しようとする。注目されるのは、この死の欲動、自己破壊的な欲動は、「喪とメランコリー」で確認された自己破壊的な欲望を説明する第一の道であった強迫的な反復の衝動と、第二の道であった超自我の病を組み合わせて、総合的に説明することができるということである。

そのことをフロイトは疾病利得の概念から考察する。疾病利得とは、患者は病であることによって害をこうむるのだが、それでも患者が発病するのは、ある利益があるからだという考え方である。そのために患者は精神分析において治癒されることに、ときに抵抗することがある。そして無意識のうちに、病の症状を反復してしまうのである。

フロイトはこの欲動論の傍証として、精神分析の患者がときに治癒の試みに抵抗する例がみられることを挙げながら、それを患者の自己懲罰の欲望によって説明しようとする。「この欲望は神経症と結びついた苦しみによって充足されていて、それだけにこの疾患から離れようとしないのです。その無意識的な［自己］懲罰の欲求という要因は、すべての神経症的な疾患に関与しているものと思われます」（二四五ページ）というわけだ。

患者は病の状態を強迫的に反復することで、治癒の試みに抵抗するのだが、そこには無意識的な自己懲罰の意図が働いていることになる。この「懲罰の欲求は良心と同じような働き」（二四六ページ）を示すのであり、これは良心と同じ場所で生まれたのである。この自己に対する攻撃は、内面化されることで、「超自我によってうけつがれた」（同）と説明するしかないからである。

こうしてみると、精神疾患の患者たちは、強い歪みのある超自我のために、この社会のうちで暮らしにくくなったのだと考えることができる。患者の症状とは、いわば人間の自我という「結晶体」の構造を示しているのだ。すべての結晶体には特定の構造があり、ふつうはその構造ははっきりとは見えないが、結晶体が割れてみればその構造は一目瞭然になる。精神疾患の患者たちはいわば「裂けて割れた［人間の］構造体」（一四二ページ）なのである。

この講義の最後のところでフロイトは、人間が文化的な共同体のうちで、性的な欲動を思うがままに満たすこともできず、攻撃的な欲動を強く抑制せざるをえないことを指摘しながら、「自我は社会において居心地悪く感じる」理由を説明している（二五〇ページ）。この社会における居心地の悪さは、『幻想の未来』と『文化への不満』を通じてフロイトの文明論の重要な問題点をなしてきたのだった。

▼第五章「人はなぜ戦争をするのか」――アインシュタインとの往復書簡（一九三二年）

●アインシュタインの提起した問い

さてこの解説では、戦争についての時評と死にたいする姿勢についての考察から始めたが、最後に冒頭に掲げられたフロイトがアインシュタインとのあいだで交わした公開の往復書簡をこれまでのまとめとして読んでみよう。これは当時の国際連盟の誘いかけで、アインシュタインが一つのテーマをとりあげて、それに関心をもつ人物を選びだし、書簡を交換するというプロジェクトだった。

アインシュタインはそのテーマとして戦争をとりあげ、フロイトを相手に選んだわけである。まずアインシュタインはその書簡が書かれるにいたった経緯を説明した後に、この書簡のテーマを提起する。それは、「人間を戦争の脅威から救いだす方法はないものでしょうか(24)」という問いである。アインシュタインはまず「現代科学の進歩のために、この問題がわたしたちの知っている文明にとっては死活の問題になったことは、かなり一般に認められていることです。しかしこの問題を解決しようとする熱心な試みにもかかわらず、これまでは嘆かわしいほどの失敗に陥ってきました(25)」ことを確認する。

そしてこの問題を解決すべき使命を与えられた人々は、この課題を解決することができないみずからの無能さを歎いて、科学的な世界の人々の見解を、いわば「遠く離れた(26)」視点を学びたいと感じていると指摘する。しかしアインシュタインは物理学者には、この問題の解決のための新しい視点を提供することはできず、問題点を明確に示すことしかできないことを指摘する。そして人間の欲動の生とこの問題の関係について、フロイトの「深遠な見解(27)」を聞きたいと申しでるのである。

この書簡でとくにアインシュタインが注目しているのは、平和をもたらすはずの国際連盟の「失敗」の問題である。平和を実現するには、国際連盟のような機関は独自の権力を確保する必要があり、そのためには国民国家は主権の一部を放棄する必要がある。「国際的な安全保障を確立するためには、すべての国が行動の自由と主権の一部を放棄する必要があります。ほかのいかなる道も、この国際的な安全保障をもたらすことができないのは、ごく明らかなことです(28)」。

アインシュタインは国際連盟がそのような権力の譲渡をうけていないことを確認しながら、その理由の背景には「心理学的な強い力(29)」が働いているのではないかと疑問を表明する。そしてこうした力として、すべての国の支配階級の権力欲、純粋に経済的な欲望に基づいた集団の活動、とくに軍需産業の活動を挙げるのである。

しかしこうした支配階級も集団も、国民のごく一部を占めるにすぎない。それではこうした人々が権力を握りつづけ、戦争によって苦しめられる国民の多くがこれに服従しているのはなぜだろうか。アインシュタインは、それはこの階級が学校、マスメディア、教会を掌握していて、国民をコントロールしているためだと考える。

しかしここで別の疑問が生まれる。こうした教育、通信、宗教の装置が、国民の愛国心を駆り立て、みずからの生命を犠牲にさせる力はどこから生まれるのだろうか。その答えはただ一つだけだとアインシュタインは自問自答する。「人間には憎悪し、破壊する欲求が働いているからです[30]」。ふつうはこの欲求は潜在的な状態にあるが、特別な状況ではこれが突発的に現れる。しかしこの欲望を操作するのは容易なことであり、そこにこそ人間の欲動の探求の中心的な課題が存在するというのである。

アインシュタインが提起する最後の問いは、人間の心的な発展を管理し、憎悪と破壊という精神の病にたいする耐性を作りだすことは可能だろうかというものである。これは、フロイトの破壊欲動の理論に直接つながる問いだった。

●フロイトの「回答」

この問いにたいするフロイトの回答については、本文をお読みいただきたいと思う。フロイトは人間の共同体の成立における暴力の役割を指摘しながら、この暴力には二重の意味があることを指摘している。共同体を形成する暴力と、共同体の内部で行使される暴力である。アインシュタインは戦争を主として共同体のあいだの関係として考えているために、共同体を形成する暴力には目が向かないのである。

またフロイトは破壊欲動について、第三二講の「不安と欲動の生」で述べられてきたことを手際よく要約している。そして人間の破壊欲動が良心の起源であるとするならば、「人間の攻撃的な傾向を廃絶しようとしても、それが実現できる見込みはないという結論」（三〇ページ）に到達するのである。

それでも戦争を防止しようとするならば、とフロイトはいくつかの提案をする。第一は、死の欲動と対抗関係にあるエロスの欲動に働きかけることである（これは『文化への不満』の結論でもあった）。第二は社会の上層部で自立した思考をすることのできる知識人を養成することである。これは微温的な啓蒙の手段であるが、理性的な判断だけにしたがって行動する人間の共同体の成立がまだまだ望めない以上、やむをえないのである。

フロイトは最後に、文化の発達が人間の心に大きな変動をもたらす可能性があることを指摘する。『文化への不満』で分析されたテーマが、文化がもたらすものが人間にとっての「居心地の悪さ」だったとすると、この書簡では、文化の発達がもたらす影響には、人々に戦争に反対せざるをえないものとする可能性があることを指摘する。「心理学的な観点からすると、文化には次の二つの重要な特徴があります。一つは知性の力が強くなり、欲動をコントロールし始めたことです。もう一つは攻撃的な欲動が主体の内部に向かうようになり、これがさまざまな好ましい結果をもたらすとともに、危険な結果をもたらしていることです」（三七ページ）。すでに考察してきたように、文化は共同体にたいする個人の攻撃欲動を満たすことは許さない。そして性的な欲動も現代文化ではますます充足が困難になる。

この文化の抑圧は、フロイトの見解では二つの逆向きの効果をもたらすのである。一つは、攻撃的な欲動が主体の内部に向かうために、超自我の形成がさらに強められて、確固とした良心が機能し、人間がさらに理性的な存在となることである。遠い将来における理性的な存在者の共同体というユートピアは、「回り方が遅すぎる」（三二ページ）臼に譬《たと》えられているが、これが完全に不可能となるわけではない。そしてその余波として、現代人の多くはもはや戦争というものを耐えがたいものと感受するようになっているのである。これが好ましい側面だろう。

もう一つの逆向きの側面は、人間の内側に向けられた攻撃的な欲動が、死の欲動を生みだすことである。超自我の攻撃にさらされた人間は、自己の死を願うようになる。共同体の内部で性的な抑圧が強まり、超自我の支配が強化されるとともに、人間はこの文化を嫌悪して、野蛮へと向かうのかもしれない。あるいは将来訪れる共同体では、すべての成員が自己の死を望むようになるのかもしれない。そのいずれもが、理性的な人間の共同体というユートピアの裏返しのディストピア、文化を破壊しさった野蛮と死の共同体をもたらすかもしれないのである。

(1) フィリップ・アリエス『死を前にした人間』(成瀬駒男訳、みすず書房)。

(2) プルタルコスは「不正で悪しき人間は、死後界における審判と懲罰を恐れ、悪事に手を染めやしないかとの心配から、これまでより静かにして日を過ごし」と指摘している(プルタルコス「エピクロスに従っては、快く生きることは不可能であることについて」。邦訳はプルタルコス『モラリア』一四、戸塚七郎訳、京都大学学術出版会、六四ページ)。

(3) フロイト『ナルシシズム入門』。邦訳はフロイト『エロス論集』(中山元訳、筑摩書房)二五四ページ。

(4) ピーター・ゲイ『フロイト 2』(鈴木晶訳、みすず書房)四三七ページ。

（5）同。

（6）フロイト『快感原則の彼岸』。邦訳はフロイト『自我論集』（竹田青嗣編・中山元訳、筑摩書房）一二五ページ。

（7）同。邦訳は前掲書、一五八ページ。

（8）ジャック・ラカン「精神分析における言葉と言語活動の機能と領野」。邦訳はラカン『エクリ I』（宮本忠雄ほか訳、弘文堂）四三五ページ。

（9）フロイト「『戦争神経症の精神分析のために』の序文」。邦訳は『フロイト著作集10』、人文書院、三七四ページ。

（10）同。

（11）「マタイによる福音書」五章二八節。

（12）M・ハイデガー『存在と時間』第四〇節。邦訳はハイデガー『存在と時間』（原佑・渡辺二郎訳、中央公論新社）、三三六ページ。

（13）E・レヴィナス『実存から実存者へ』。邦訳は西谷修訳、朝日出版社、一〇〇ページ。

（14）フロイト「ある5歳児の恐怖症分析」。邦訳は『フロイト著作集5』、人文書院。

（15）母親はペニスをいじっているハンスをみつけて、「そんなことをしていると、A先生に来ていただきますよ。先生はおちんちんを切っておしまいになります」と脅かしたのだった。邦訳は前掲書、一七五ページ。

(16) フロイト「制止・症状・不安」。邦訳は『フロイト著作集 6』、人文書院、三四一ページ。

(17) 同。

(18) 同。邦訳は前掲書、三四九ページ。

(19) ハイデガー『存在と時間』五三節。邦訳は前掲書、四三二ページ。

(20) 同、六〇節。邦訳は前掲書、四七五ページ。

(21) 同。邦訳は前掲書、四七四ページ。

(22) フロイト「不気味なもの」。邦訳は『フロイト著作集 3』、人文書院、三四六～三四七ページ。

(23) 同。邦訳は前掲書、三四一ページ。

(24) アインシュタインの一九三二年六月三〇日付けのフロイト宛て書簡（Albert Einstein/Sigmund Freud, *Warum Krieg?*, Diogenes Verlag, 1972）、一五ページ。

(25) 同。

(26)同、一六ページ。

(27)同。

(28)同、一七〜一八ページ。

(29)同、一八ページ。

(30)同、一九ページ。

フロイト年譜

一八五六年

東欧のモラビア（現チェコ共和国東部）の町フライブルクのユダヤ人商人の一家の長男として生まれた。ただしフロイト家はその頃にはユダヤ教の儀礼は採用しておらず、わずかに年数回のユダヤの宗教的な祭を祝うにすぎなかった。しかしユダヤ人としての出自は消えず、フロイトは父が町でユダヤ人にたいする嫌がらせで帽子を叩き落とされて、屈辱を味わわされるのを目撃している。この事件は父親にたいするアンビヴァレント（両義的）な感情を高めるとともに、ユダヤ人であることの意味を考えさせることになった。

一八六〇年　四歳

フロイト一家、ウィーンに移住。経済的には苦しい生活を強いられる。フロイトはウィーンは嫌いだと語ることが多かったが、事態が絶望的になるまでは、決してウィーンを離れようとはしなかった。

一八七三年　一七歳

ウィーン大学医学部に入学。生理学者

のブリュッケのもとで学び、顕微鏡によるザリガニの神経細胞の研究で優れた業績をあげている。一八八一年に医学の学位を取得。翌年には、マルタ・ベルナイスと出会って、婚約する。

一八八五年　二九歳

パリを訪問して、シャルコーの有名なヒステリー治療の講義に出席する。それまでにフロイトは、コカインの利用に関する論文を発表して注目されていたが、このときの強烈な体験で、心理学の分野に進むようになる。

一八八六年　三〇歳

ウィーンで神経症の治療を開始する。この治療の経験がやがてブロイアーとの共著『ヒステリー研究』(一八九五年)に結実する。この年、マルタと結婚。

一八九五年　三九歳

『ヒステリー研究』刊行。どれも興味深い症例だが、アンナ・O嬢の分析は、フロイトが催眠術を利用するのをやめて、患者に語らせる「カタルシス」療法を始める決定的なきっかけとなる。

一九〇〇年　四四歳

『夢の解釈』(邦訳は『夢判断』)を刊行。すでに一八九五年頃から神経症の治療というよりも精神分析というべき治療法を確立していたが、その重要な方法が患者に夢を語らせることであった。見た夢について患者に尋ねることで、患者の無意識があらわになることが明らかになってきたのである。「夢の解釈は、精神生活の無意識を知るための王道だ」と考えていたフロイトはこの著書で、主として自分の夢を手掛かりに、無意識の表象の重層的な意味の分析方法を明かしたのである。

一九〇一年　四五歳

『日常生活の精神病理学』を刊行。フロイトにとって、無意識が存在することを示す兆候は、三つあった。神経症という病、夢、そして日常生活におけるうっかりした言い間違えや忘却などである。すでに疾患と夢について考察していたフロイトは、この書物でこの第三の兆候について詳細に検討した。

一九〇二年　四六歳

ウィーンのフロイト宅で水曜日ごとに私的な集まりを開くようになった。これがウィーン精神分析協会の始まりである。この協会には、フェレンツィ、ランク、アドラーなどが集まった。後にはアーネスト・ジョーンズが参加してロンドンに精神分析協会を設立し、やがてユングも参加してチューリッヒに精神分析協会を設立する。こうしてフロイトの精神分析の運動は、世界的な広まりをみせるようになる。そして弟子や仲間たちの背反の歴史も始まる。

一九〇五年　四九歳

『性理論三篇』刊行。精神分析の中核となるのは、幼児期の性的な体制の理論とエディプス・コンプレックスの理論であるが、これらの理論を明確に提示したのが、この重要な理論書である。また同年に、『あるヒステリー患者の分析の断片』を発表（症例ドラ）。これは分析が失敗に終わったドラの分析記録であり、以後フロイトは重要な症例分析を次々と発表する。ウィーン精神分析協会の参加者の一人の息子ハンスの動物恐怖症を分析した記録『ある五歳男児の恐怖症分析』（一九〇九年、症例ハンス）、強い父親コンプレックスに悩まされていた強迫神経症の患者の分析である『強迫神経症の一症例に関する考察』（一九〇九年、症例・鼠男）、ドイツの裁判官のパラノイアの分析として名高い『自伝的に記述されたパラノイア（妄想性痴呆）の一症例に関する精神分析的考察』（一九一一年、症例シュレーバー）、ロシアの貴族の強迫神経症の分析である『ある幼児期神経症の病歴より』（一九一八年、症例・狼男）は、フロイトの五大症例として有名であり、精神分析の世界ではいまなお模範的な症例分析とされている。

一九一四年　五八歳

『ナルシシズム入門』発表。第一次世界大戦の勃発にともなう政治的、文化的な危機と、極限状態における人々の異様な反応は、フロイトにそれまでの理論的な体系の再検討を促すものだった。こうしてフロイトはメタ心理的な理論を構築するようになる。そのきっかけとなったのがナルシシズム論の再検討だった。この状況は「戦争と死に関する時評」（一九一五年）にありありと描かれている。

一九一五年　五九歳

『欲動とその運命』刊行。この書物は、フロイトの新しいリビドー論を展開するものであり、新たな理論構想が胎動したことを告げる書物である。その後「抑圧」「無意識について」などのメタ心理学の論文が次々と発表される。

一九一七年　六一歳

メタ心理学の論文のうちでも、フロイトにとってとくに重要な意味をもっていたのが、死と喪についての論文「喪とメランコリー」である。この論文でフロイトは新しいリビドーの理論をナルシシズムの理論と結びつけて展開する。これが後に死の欲動という新しい理論に結実することになる。

一九二〇年　六四歳

『快感原則の彼岸』刊行。これはそれまでの自己保存欲動とエロス欲動という二元論的な構成を、死の欲動とエロスの欲動という二元論に組み替えるにいたった注目すべき論文である。ラカンなど、後の精神分析の理論家に大きな影響を与える書物となる。

一九二三年　六七歳

『自我とエス』刊行。新しい欲動論が登場したため、自我の審級論にも手直しが必要となる。後期のフロイトの自我の局所論を示す重要な著作。この年、口蓋部に癌を発病。以後、長くこの病に悩まされる。晩年のフロイトは体調不良の中で執筆をつづけることになる。

一九二七年　七一歳

『幻想の未来』刊行。フロイトの宗教批判を初めて明確なかたちで訴えた書物。宗教だけではなく、宗教という「病」を生んだ西洋の社会にたいするまなざしも鋭い。

一九三〇年　七四歳

『文化への不満』刊行。『幻想の未来』の論調をうけつぎながら、西洋の文化と社会にたいする批判をさらに研ぎ澄ませた書物。超自我と良心の理論、昇華の理論、不安の理論など、それまでの精神分析の理論的な成果を文明批判に応用することによって、精神分析がたんに患者の治療に役立つだけではないことを示したのである。精神分析の理論が政治理論の分野に進出した異例な書物でもある。

一九三三年　七七歳

ヒトラーがドイツで権力を掌握。オーストリアもファシズム国家になる。ユダヤ人迫害も厳しさをまし、国際連盟の無力さがやがて明らかになることになる。この前年フロイトはアインシュタインと書簡を交換し、人間が戦争に赴く理由について考察した「人はなぜ戦争をするのか」を書き、この年に発表している。この書簡のペシミズムは、その後のフロイトを支配する主要な傾向の一つとなる。
またこの年に、『精神分析入門（続）』を刊行。これは『精神分析入門』（一九一六〜一九一七年）の続編として、フロイトの後期の理論体系を講義としてわかりやすく語ったものである。

一九三八年　八二歳
ドイツがオーストリアを占領。ヒトラーがウィーンに到着した三月一三日以降、ウィーンではユダヤ人迫害の嵐が吹き荒れる。三月一五日にはフロイトの自宅が家宅捜索され、二二日には娘のアンナが逮捕され、ゲシュタポに連行されたが、無事に帰宅できた。六月四日にフロイト一家はウィーンを離れ、六日にはロンドンに到着した。しかしフロイトの五人姉妹のうちの四人までが収容所やゲットーで死亡することになる。

一九三九年　八三歳
フロイトの西洋文明とキリスト教批判の最後の言葉である『人間モーセと一神教』刊行。『トーテムとタブー』（一九一三年）の原始社会の誕生に関する考察を敷衍しながら、この書物で検討していたトーテミズムを端緒とする西洋の宗教の歴史の全体を展望する壮大な書物である。また同時に、ユダヤ教についての長年の考察をまとめ、さらにキリスト教批判と、ユダヤ人迫害の背景についても考察した遺著となる。
この年の九月二三日、癌のために死去。

訳者あとがき

本書は〈フロイト文明論集〉の二冊目として、第一次世界大戦に激しい衝撃をうけたフロイトが、それまでの精神分析の体系を改造しようと模索した時期の文章を集めたものである。一冊目の『幻想の未来／文化への不満』と併せて読んでいただくことで、精神分析の治療の経験から、フロイトが西洋の文明そのものにどのような理路で批判を向けていったかをご理解いただけると思う。

最初の「人はなぜ戦争をするのか」（一九三二年）は、アインシュタインとの往復書簡であり、人間には戦争せざるをえない攻撃衝動があるのではないかというアインシュタインの問いに答えながら、フロイトの後期の欲動理論を展開したものである。

次の「戦争と死に関する時評」（一九一五年）では、息子たちを戦地に送ったフロイトが、第一次世界大戦においてみられた道徳的な崩壊を目にして強い衝撃をうけたことを告白する。ドイツとオーストリアは第二次世界大戦の際に、ナチスの第三帝国のもとでさらに根本的な道徳的な崩壊を経験することになるが、フロイトはすでにこの時点で、その予兆を感じていたのである。そしてこのことはフロイトに、道徳論についての大きな見直しを迫るものとなった。

フロイトは攻撃衝動についてのアインシュタインの問いをさらに深めるように、人間のうちに自己を破壊するような衝動があるのではないかと考えるようになった。その自己破壊的な衝動を症例のうちに分析していったのが、「喪とメランコリー」(一九一七年)である。愛するものを失ったときにはだれもが「喪の仕事」をせざるをえないものだが、フロイトは、ある素質をもつ人々のうちでは、この「喪の仕事」が鬱病にまで悪化する例があることに注目する。鬱病の患者には神経症の患者などにはみられない自殺願望があることから、この疾患では自我のうちにみずからを殺すようなものがあると考えるようになったのである。フロイトはナルシシズム論を手掛かりに、ここで病んでいるのは超自我であることを明らかにしたのだった。

この超自我の謎を解明したのが、晩年の『精神分析入門・続』の第三一講「心的な人格の解明」(一九三三年)である。この講義は実際に聴衆に向けて語られたものではなかったが、ある程度の基礎知識のある人々に向けて、精神分析のそれまでの理論的な成果と、まだ残された問題点を説明したものだった。この講義でフロイトは、自我、超自我、エスという三つの審級で構成された新しい局所論についてわかりやすく説明している。

第三二講「不安と欲動の生」（一九三三年）では、この局所論の三つの審級の背後にある欲動とそのエネルギーを考察している。ハイデガーは不安の存在論的な考察を展開したが、フロイトは三つの審級との関係において、自我のうちでいかに不安が発生するかを細かに検討していく。そしてここで、一九一五年に提起された最初の問い、人間の自己破壊の欲動と道徳の問題を、統一的な視点から解明することができたのだった。

＊

本書は〈フロイト文明論集〉の一冊目のときと同じく、光文社の翻訳出版編集部の駒井稔編集長と、編集者の今野哲男さんの励ましで編まれたものである。編集部の中町俊伸さんには、実務面でさまざまにご配慮いただいた。また編集者の中村鐵太郎さんには、原文と照らして、貴重なコメントをいただいた。これらの方々のご支援に、心から感謝したい。

中山　元

kobunsha classics
光文社古典新訳文庫

人《ひと》はなぜ戦争《せんそう》をするのか
エロスとタナトス

著者 フロイト
訳者 中山《なかやま》 元《げん》

2008年2月20日 初版第1刷発行
2017年6月20日 第7刷発行

発行者 田邉浩司
印刷 慶昌堂印刷
製本 フォーネット社

発行所 株式会社光文社
〒112-8011東京都文京区音羽1-16-6
電話 03（5395）8162（編集部）
03（5395）8116（書籍販売部）
03（5395）8125（業務部）
www.kobunsha.com

ISBN978-4-334-75150-0 Printed in Japan

いま、息をしている言葉で、もういちど古典を

長い年月をかけて世界中で読み継がれてきたのが古典です。奥の深い味わいある作品ばかりがそろっており、この「古典の森」に分け入ることは人生のもっとも大きな喜びであることに異論のある人はいないはずです。しかしながら、こんなに豊饒で魅力に満ちた古典を、なぜわたしたちはこれほどまで疎んじてきたのでしょうか。

ひとつには古臭い教養主義からの逃走だったのかもしれません。真面目に文学や思想を論じることは、ある種の権威化であるという思いから、その呪縛から逃れるために、教養そのものを否定しすぎてしまったのではないでしょうか。

いま、時代は大きな転換期を迎えています。まれに見るスピードで歴史が動いていくのを多くの人々が実感していると思います。

こんな時わたしたちを支え、導いてくれるものが古典なのです。「いま、息をしている言葉で」——光文社の古典新訳文庫は、さまよえる現代人の心の奥底まで届くような言葉で、古典を現代に蘇らせることを意図して創刊されました。気取らず、自由に、心の赴くままに、気軽に手に取って楽しめる古典作品を、新訳という光のもとに読者に届けていくこと。それがこの文庫の使命だとわたしたちは考えています。

このシリーズについてのご意見、ご感想、ご要望をハガキ、手紙、メール等で翻訳編集部までお寄せください。今後の企画の参考にさせていただきます。
メール　info@kotensinyaku.jp